MANOBRANDO AS ENERGIAS DO AMOR

Todos os direitos reservados
© 2017 – Robert Happé / Editora Bússola

Revisão
Paulo Levy

Capa
Fernando Sian Martins

Editoração eletrônica
Áttema :: Assessoria Editorial, Comunicação & Design
www.attema.com.br

Editora Bússola Ltda.
www.editorabussola.com.br
contato@editorabussola.com.br

Dados Internacionais de Catalogação na Publicação (CIP)
(Câmara Brasileira do Livro, SP, Brasil)

Happé, Robert
   Manobrando as energias do amor / Robert Happé. -- São Paulo : Bússola, 2017.

   ISBN 978-85-62969-51-5

   1. Amor 2. Espiritualismo (Filosofia) 3. Evolução espiritual 4. Vida espiritual I. Título.

17-09349   CDD-133.9

Índices para catálogo sistemático:
1. Energias do amor : Filosofia : Espiritualismo

Todos os direitos reservados. Nenhuma parte desta edição pode ser utilizada ou reproduzida – em qualquer meio ou forma, seja mecânico ou eletrônico, fotocópia, gravação etc. – nem apropriada ou estocada em sistema de banco de dados, sem a expressa autorização da editora.

MANOBRANDO AS ENERGIAS DO AMOR

ROBERT HAPPÉ

São Paulo

CEE   BÚSSOLA

2017

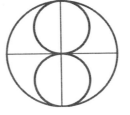

ÍNDICE

INTRODUÇÃO 6
1. O que você se dá e o que você se nega 8
2. O caminho do encantamento 28
3. Preparação para o alinhamento 60
4. Criando um novo padrão de consciência 90
5. Discriminação mental é altamente recomendável 120
6. Qualidades e valores 146
7. Reunificação é o nosso destino 164
8. Restaurando a natureza humana 196

INTRODUÇÃO

O Centro de Educação Espiritual foi criado em 2008 com o propósito de recuperarmos os ensinamentos puros de nossa vida, de como usamos nossas qualidades, nossos valores, e resgatamos nossa dignidade.

Hoje, em 2017, celebramos nove anos de compartilhamento de informações com sucesso, assim como melhoramos a vida que todos compartilhamos neste planeta.

Este livro surgiu das palestras ministradas este ano, com a esperança de que muitos se tornem conscientes de qual escolha podemos fazer para melhorar a vida.

O grande despertar e a elevação em consciência, individualmente e coletivamente, está acontecendo agora. Tudo o que precisamos é da conexão com nós mesmos.

Comunicação honesta e aceitação de nós mesmos vai nos levar à cura.

As escolhas que fazemos vindas do coração em nosso atual estágio de evolução, e as possibilidades que estão abertas para nós, nos libertarão e se transformarão em cura para todas as doenças. A escolha do foco determina seu destino.

O amor só deseja compartilhar e dar, e fazendo isso ele se renova a si mesmo o tempo todo.

Robert Happé

1

O QUE VOCÊ SE DÁ
E O QUE VOCÊ SE NEGA

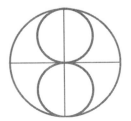

Desenvolvimento espiritual começa quando você se relembra, ou compreende, quem você é. É da mais profunda importância que nós descubramos qual é o aspecto espiritual do nosso ser e voltar a olharmos para nós mesmos. Qual é a natureza dos valores que foram criados por esta sociedade? É muito importante que a gente seja capaz de recapitular isso.

O amor e o medo, de certa forma, caminham de mãos dadas em cada experiência humana. Dentro do entendimento que vamos ganhando sobre o que nos acontece, parte desse entendimento é amor e parte é medo. Vivemos numa sociedade que prefere negar o amor para privilegiar o medo, uma vez que a sociedade se alimenta de medo e nega o amor, porque tem medo de ser diferente daqueles que temem. Portanto, têm medo de serem abandonados se forem diferentes, têm medo de serem punidos, rejeitados. E agora a gente tem um novo medo: o medo de ETs. Dessa forma, vamos descendendo cada vez mais.

Quando aprendemos a praticar o amor entre nós e aprendemos a respeitar a raça humana como uma única família, é apenas nesse ponto que se chega ao estágio de uma raça sem divisão, sem fraturas, de uma raça que é humana de fato. Ser espiritual é ser capaz de manifestar-se com amor. Simples assim.

Muitos perderam sua conexão com a alma, muitas pessoas já perderam a memória do que é o sentimento que vem junto com o amor. Por que houve essa separação, essa perda? É isso que eu quero saber. A conexão com o amor se perde na hora em que minha única meta é o poder e o controle. E todos que estão aí fora estão lutando pelo poder, disputando o poder e o controle, inclusive dentro das famílias. A sensação é a de se viver num manicômio. O mundo todo está exageradamente envolvido com o que está subdesenvolvido ou superdesenvolvido nos seus egos. Isso é uma distração enquanto os sentimentos genuínos do amor ainda aguardam para serem restaurados e honrados.

Todos nós aqui presentes somos crianças da luz com a missão de ensinar através do nosso próprio exemplo de como é caminhar na trilha da verdade. É preciso demonstrar o que significa ser um representante genuíno do amor que somos. Quando nos tornamos capazes de fazer isso, se encerra o ciclo de aprendizagem na terceira dimensão (3-D), e o caminho está liberado para que possamos fazer a travessia para um novo estágio de desenvolvimento racial.

A gente passa por esse novo desenvolvimento racial, que vai acontecer na companhia de outros seres que ainda não conseguimos reconhecer como humanos. Vamos desenvolver novas habilidades, habilidades que já estão em nós, mas que ainda não desenvolvemos. Essas habilidades têm a ver com a interpretação de padrões energéticos. O que quero dizer com isso? De que seremos capazes de fazer uma leitura delicada dos sentimentos que acompanham a outra pessoa. Isso cria uma nova linguagem, que não precisa da fala para acontecer o diálogo. Ao desenvolver essa sensibilidade, você identifica a intenção do outro, embora ela ainda não tenha sido manifesta em palavras. É importante desenvolver isso, porque sem isso é como se você carregasse uma película de proteção que, independente da situação em que você se encontra, você sabe onde está. Em outras palavras, o que quero dizer é: aprenda ou reaprenda a confiar mais nos seus sentimentos. Só existe uma segurança em você e ela reside no conjunto de conhecimento que já está ancorado em seu coração. Esta é a sua caixa de segurança. Se você quer curar algo, você já tem o antídoto, e ele se chama compaixão. Você possui essa substância, embora ela esteja um pouco fora de moda e de prática, mas você possui. Espero que você atraia uma situação desconfortável na sua vida para que você possa, naquele instante, descobrir a compaixão em você. Com isso, você se torna compassivo e permite o fluxo do perdão. Prove! Porque é só diante desse momento real que você vai entender que ninguém é capaz de destruir a sua luz.

Quero abordar especificamente alguns tópicos que precisamos entender melhor. Por exemplo, a morte. Tantos de nós têm medo da morte... Ainda que você já tenha morrido tantas vezes e está aqui ainda, você ainda tem medo da morte? A morte nada mais é do que uma transição de uma frequência para outra ou, na linguagem científica, quando você trafega da velocidade da matéria para a velocidade do espírito. A matéria é composta de partículas de luz claras e escuras. O amor não conhece a polaridade, o amor não reconhece a escuridão, a escuridão não existe no amor. O que se diz é: se você se reconhece como luz, coloque a sua luz exatamente onde está escuro. É por isso que cada um está seguro quando está amparado e ancorado na sua própria verdade, e a partir de si mesmo, ajudar a curar os desentendimentos no planeta.

Cada relacionamento que você tem com outra pessoa é também um reflexo da relação que você tem com você. Por que você precisa de relacionamentos? Porque através do outro você consegue reconhecer um aspecto que também habita em você. Quando você discorda do outro nas suas relações, você está se permitindo enxergar uma parte sua que não está plenamente consciente para você mesmo. Porque o que você acha que é você, quando você entra em discordância com o outro, você ganha a chance de tornar mais nítido na sua consciência o que você ainda não sabia que estava ali.

Todos os relacionamentos são um campo de treinamento. No final das contas, só existe um relacionamento que viemos limpar por aqui. Esta relação fundamental é a que temos conosco. É a única. A maioria das pessoas é cega para si. Essas pessoas são capazes apenas de se ver através do reflexo do outro. Mas quando você começa a reconhecer que a relação mais importante é aquela que você desenvolve com a sua alma, você consegue entender o que significa auto curar-se. A questão central da humanidade é curar essa relação consigo.

É a cura da sensação de solidão.

A solidão é o sintoma da ausência da relação com Deus, e também da falta de relacionamento com o espírito, com o amor. Você sai no mundo querendo comprar, querendo fisgar um namorado(a) pois, como você não é capaz de dar amor a si mesmo(a), você busca no outro este amor. Mas todas as relações que você possui são relações com o Deus que habita em você, mesmo que ainda seja apavorante para qualquer indivíduo no planeta pensar: "Estou sozinho no mundo". Este pensamento está na raiz do sentimento de solidão, e esta solidão nos aparta do amor em nós, o que, nada mais é, do que um sintoma de uma criança da luz que se tornou um zumbi.

Para entender os relacionamentos, é importante reconhecer que você sempre vai se espelhar em algum aspecto do outro. O que você ama no outro é algo que você descobre em si próprio, uma vez que você mesmo já está emanando algo que retorna a você como reflexo. É assim que as pessoas chegam na sua vida. É mágica, mas ao mesmo tempo é ciência. E na ciência a gente compreende.

» *E se eu tenho um conflito com uma pessoa e quero me afastar dela, como faço?*

O fato de você se afastar não tem importância, porque as outras pessoas são apenas atores no palco da vida, e sua própria alma vai atrair essas pessoas para que você possa reconhecer algo em você através delas. O trabalho interno a ser feito é observar sua reação à experiência, porque o que você acredita dentro de você mesmo será descoberto na atitude da pessoa que você atrai. Quando você se irrita com alguém e se afasta dessa pessoa, se separa dela, você está se separando, de certa forma, um pouco da sua alma porque você se recusa em aprender aquela lição. O importante não é ficar com a pessoa, o importante é aprender o que aquela pessoa trouxe para você, e aí, quando você consegue descobrir o que aquela pessoa veio te mostrar, você consegue perdoar a situação e ter compaixão por esta pessoa e pela atitude dela. É nesta manifestação de sabedoria diante da situação de possível agressão que o seu ser mais elevado se manifesta na terra. Eu vou colocar isso numa fórmula científica.

O amor que você dá a si mesmo, ou o amor que você nega a si mesmo, vai se tornar evidente num encontro com outro indivíduo, para que você possa enxergar nesta relação através do outro o que você se dá e o que você se nega. A partir do momento do nascimento até o momento da partida, nós estamos aqui numa sala de aula. Se você nega amor a si mesmo, você vai atrair uma pessoa que vai mostrar para você esse comportamento. Eles não sabem que vieram para isso, só sua alma sabe. Sua alma atraiu essa pessoa para que ela pudesse espelhar o que você está se negando. E se você atrai alguém que é maravilhoso, com quem você vive situações muito boas, então saiba: você ganhou um bônus. Você aproveita, desfruta. Não é uma obrigação que você sempre esteja vivendo momentos difíceis. É por isso que é tão importante tornar-se o seu melhor amigo. Se você for o seu melhor amigo, você vai atrair pessoas que refletem esta sua vibração. Se você é mesquinho com você, você atrairá pessoas que também serão mesquinhas, para ver se você se liga que a mesquinharia começou aqui. É uma ciência. Pratique! Nessa prática, você vai começar a se perceber o tempo todo dançando entre energias diferentes, no sentido de que seus pensamentos e seus sentimentos, que você mesmo está emanando, e os pensamentos e sentimentos dos outros, que também chegam por emanação, são o encontro dessas emanações que vão criar as emoções da relação.

É difícil manter um relacionamento livre do estresse emocional, uma vez que existem muitos sedimentos tóxicos que entram nas experiências a partir da poluição que se encontra nos seus próprios chakras. E todos esses mal entendidos que foram se sedimentando através da nossa infância estão ali gravados. Esses bloqueios são como uma espécie de película que veda o chakra. Eles impedem a disponibilidade da frequência da vibração do amor. O indivíduo que está bloqueado com essa frequência se sente perdido, e a maioria das pessoas está assim, impedida do fluxo do amor, e ainda acham que é alguém que pode fazer isso por elas, porque estão incapazes de reconhecer a vibração. Isso é uma tragédia. Por isso que é tão fundamental trazer o foco para o amor a si mesmo. Quando você já se encontra desenvolvido nessa prática de amar a si, você também já está desenvolvido para amar alguém. O chakra do coração precisa se abrir, mas para isso existe muita poluição, muito detox para acontecer, muita poluição a ser limpa, porque as energias sutis ficam impedidas de entrar se existe uma toxina bloqueando o caminho. Qualquer tipo de emoção que você reprime vai te bloquear. Tudo aquilo que você tampa, que você veda, vai precisar em algum momento se destampar para te confrontar. Se você não consegue aceitar algo que te habita, um outro vai te apresentar isso, e essa outra pessoa vai encenar na sua frente o seu próprio desequilíbrio. Vocês conseguem entender esse mecanismo?

É incrível quando você começa a perceber que esse funcionamento é uma espécie de mimetismo. Você já parou para pensar como a alma é engenhosa por ser capaz de atrair naquele oceano de serzinhos um que veio para te ensinar algo que você ainda não tinha visto? E algumas pessoas que você atrai podem se tornar bastante íntimas suas, você pode até querer morar com elas. As pessoas que você atraiu são seus pais, seus filhos, seus amigos, seus colegas de trabalho. As crianças são especialmente sensíveis. Elas captam o que está no seu subconsciente assim (estalo de dedos). Elas sabem melhor do que você o que está te acontecendo, por isso a comunicação com as crianças é tão importante. Os sinais estão todos codificados dentro das suas emoções, e essas emoções que você está ali guardando dentro de uma couraça para dissimular das outras pessoas, essa couraça vai fazendo mais e mais pressão e, de repente, puff, explode.

Tudo isso que vai sendo guardado no subconsciente tem a ver com os seus pensamentos, seus sentimentos, sua autoimagem. Por vibração, as outras pessoas captam isso e refletem isso para você. Através de todos esses atores do seu palco, você começa a juntar a imagem mais completa do humano que você é, até que finalmente, com todas as incoerências incluídas, você encontra quem é você. E isso pode durar não só uma vida de aprendizagem, mas muitas vidas. Depende da sua disponibilidade de querer juntar essas pecinhas que pareciam não encaixar. Não se esqueça de que somos seres infinitos, e viver infinitamente é bastante tempo. Você consegue imaginar o que é a infinidade? Estamos falando de trilhões de anos. Essa pequenina jornada de só alguns aninhos que a gente passa aqui para fazer uma revisão completa em nós mesmos é muito rápida.

Como é que a gente pode fazer um relacionamento funcionar de forma a nos tornarmos contentes na relação? Este é um relacionamento que te mostra o amor que você tem por você, porque para um relacionamento funcionar é preciso que você tenha este amor revelado, senão ele não vai para frente. Se você não tem amor por você, como você imagina que esse amor retorne se você nunca o emanou? Ele só retorna quando você irradiou primeiro. O significado científico disso é assim: você não pode esperar que um outro te traga o que você nega a si mesmo. Isso faz sentido? A maioria de nós está preso nesse tipo de jogo. A maioria de nós exige que o parceiro dê o amor que ele mesmo ou ela mesma se nega. "Eu preciso de alguém para me amar porque eu não consigo".

» *É patético, é embaraçoso escutar essa frase.*

Todos nós caímos nesse buraco até que a gente descubra o buraco. Mas existe uma falta constante de amor nas relações por conta dessa falta de consciência, desse buraco de cada um. Se você não ama a si mesmo, a relação será um desastre garantido. Por essa razão, a gente vê essa dança das cadeiras com os parceiros. Ficam trocando o tempo todo de pessoas porque tem essa ânsia de reconhecer quem sou eu. Um trabalho para todos nós, por favor: trabalhe com afinco na sua própria negação de amor. Isso será espelhado a você, a confirmação vem no espelho.

Por favor, ganhe consciência do que você está pedindo quando você pede um(a) namorado(a). Você diz, "Ai, amado Deus, por favor, tenha compaixão de mim, mande alguém que possa me amar". Cuidado, quando você deseja um(a) parceiro(a), tanto ele como ela pode se revelar no tempo como alguém muito diferente do seu sonho, porque chega um momento em que essa pessoa vai começar a ser um espelho. Ela vai começar a mostrar a você suas próprias negações ao amor, e essas negações se tornarão visíveis para que você seja capaz de curar a si mesmo.

O processo de cura começa com a respiração consciente, sabendo que ao respirar você traz para dentro partículas de luz. Luz é amor. Quando você inspira partículas de amor é mais fácil respeitar o outro, aceitar o outro, e você se torna alguém que pode ampará-lo(a). Esse é um sinal de que você tem substância suficiente para compartilhar.

Muitos de nós estamos hoje fazendo uma travessia de relacionamentos. Quando começarmos a reconhecer que somos todos pedacinhos desconectados de nós mesmos, e que todos nós temos as mesmas qualidades, a questão mais importante é a de nos tornarmos conscientes do que não vemos, e a consequência desse desenvolvimento em consciência é que você vai atrair alguém que corresponde ao patamar em que você está, e esta pessoa que entra apresenta a você um aspecto mais elevado da sua consciência que você ainda não tinha reconhecido. E, dessa forma, você também é reapresentado a uma parte mais elevada de si mesmo através do outro. E, assim, você começa a cura de dentro para fora. É por isso que alguns indivíduos especiais entram na sua vida, para que você possa se curar na relação.

Todas as relações são uma oportunidade de auto cura. Nem sempre essa oportunidade acontece como uma experiência que é facinha de se viver, porque todas as relações têm os momentos altos e têm os momentos densos, mas a recompensa na relação aparece quando nos permitimos a ciência da permissão. Permita-se se mostrar como você quer e encontre uma forma de se mostrar que seja amorosa. Ao empreender esse caminho, você começa a ver uma fusão em todos os níveis: físico, emocional, mental, espiritual. Quando você começa a viver uma fusão com aspectos mais elevados da sua mente, quando você está nessa frequência da mente mais avançada, fica mais nítido o processo mental do outro, e uma espécie de processo de cura instantâneo acontece na sua vida a cada encontro. E o amor começa a penetrar em todos os aspectos do seu ser, não só nos seus padrões de pensamento, mas também no seu padrão emocional.

Se você teve um bom dia, um dia bem sucedido, onde foi capaz de compreender e dançar saudavelmente com as suas emoções, você chega ao final do dia com uma sensação de potência. É como se fosse um estado divino de exaltação, de entusiasmo, e fazer amor também pode se tornar físico; é uma outra forma de fusionar através do ato de fazer amor. Quando você é capaz de entrar em contato com o amor que você é, e que habita seu chakra do coração, é para ser prazeroso, onde o homem e a mulher se unem em uma única consciência, formando uma única consciência. É um processo de aprendizagem onde nos damos conta de um aspecto muito sagrado nosso.

A experiência da unidade, ao mesmo tempo, abre os portais para que a mente inteligente, ou a mente superior, se manifeste e você começa a entender o que é a vontade do coração. O coração deseja apenas uma reunião, que é a reunião entre as leis do universo e as leis naturais. Quando você vivencia a unidade com outra pessoa, ou mesmo só com você mesmo, essa experiência de unidade faz você penetrar no chakra cardíaco e acessar essa inteligência do amor. Você tem essa sensação de estar alinhado a essas leis essenciais. Você já sabe tudo isso, mas é só no chakra do coração que você acessa. Essa é uma forma, é um caminho de desenvolvimento espiritual, e essas chaves de desenvolvimento só são entregues quando você é capaz de lidar com as consequências.

As mudanças de atitude que você empreende vão te entregar cada chave. Cada vez que você muda uma atitude, você ao mesmo tempo se coloca no caminho de receber as consequências dessa atitude, e essa é uma atitude superior.

As consequências são óbvias, porque tem a ver com o impacto do amor sobre a mente. É uma força energética extremamente potente. Já está em você. Embora tenha pouco uso, já está aí. Quando você confia no seu espírito, você entra nesse lugar o tempo todo. Quando você não confia, você busca na mente conselho, mas a mente não é uma boa conselheira. Quando você vai para o chakra do coração e sente, o coração é capaz de te dar plena compreensão e cura instantânea. É por isso que é tão importante aprender a manobrar esta energia de amor dentro de você.

Se você mantiver a atenção no coração, você reconhecerá o caminho correto e deixará de ser refém, ser guiado pelo seu ego inferior, porque o ego está sempre motivado pelo medo, pela autodefesa. É por isso que precisamos desses ensinamentos de cura.

Estou falando disso para vocês porque é nessa direção que a humanidade está progredindo, e nós estamos nos primeiros passos desse progresso. Se você ainda sente que não entende completamente, saiba que agora as massas vão entrar nesse processo de aprendizagem, onde aprendemos o que é desenvolver o amor em nós. Por que precisamos disso? Porque o amor é a chancela para um próximo patamar de consciência e oportunidades, para desimpedir que esse amor chegue diariamente para você. Tudo depende se você está atento ao convite.

O amor é tão fácil de ser compartilhado! Uma palavra de amizade, uma atitude de respeito. Isso é amor. Quando você deixa de negar o que o outro te traz, já não nega o que vem do outro, é aí que você não nega o que está em você. É uma virada, é algo que não é um botão que a gente aperta, dorme e acorda diferente; é uma prática. Até ter o conhecimento dessa informação, embora seja bom, não é suficiente. É preciso ser vivido para que seja aprendido. Quando você começa a trazer sua atenção para a experiência, pode ser que você descubra que muitas vezes, ou algum dia, você foi compassivo. Quando você é incapaz de manifestar o amor, ainda assim você pode praticar a compaixão consigo mesmo por ainda não estar naquele lugar que gostaria de estar.

Quando aprendemos a manobrar as energias do amor, nós, junto com isso, aprendemos a estar bem com todo o mundo. E nesse estado de reacomodação, a gente cura a vibração. Isso produz a abertura de portais. Quando existe essa abertura, a mente superior começa a se derramar sobre você e você simplesmente sabe o que está bem na sua frente. Chamamos isso de um *upgrade* de frequência, uma atualização de sistema. Isso pode ser vivenciado em todos os planos, físico, mental, emocional e espiritual. Também podemos vivenciar isso em meditação. Tudo tem a ver com o reequilíbrio de questões inacabadas, questões inconclusas ou questões com você mesmo(a).

Quando vivemos uma vida baseada na falsa segurança da rotina e do mundo como a gente conhece, quando você escolhe viver essa vida segura, você não está escolhendo o desconhecido. A escolha de uma vida segura demonstra um medo pelo que você não conhece. E, de fato, essa é uma ameaça para a fundação da sua consciência, uma vez que isso ameaça também suas falsas crenças de segurança. Quando existe uma conexão mais liberada com os sentimentos, você tem livre acesso à alma. A alma não sabe o que é medo, nem sabe reconhecer medo, e também não consegue compreender porque você está tão desequilibrado(a). A alma te aceita do jeito que você se manifesta e vai continuar te apoiando em suas escolhas.

Por favor, saiba de uma coisa: aos olhos da alma, nunca existe um passo condenável. Está tudo bem. Se você se equivoca e tiver um mau entendimento sobre a vida, a alma sofre junto com você, ela se empatiza com você, porque se as coisas estiverem em desequilíbrio, a alma vai trazer novas oportunidades para que você se reequilibre, para que você possa aprimorar sua atitude. E se não deu nessa vida, têm outras, têm as próximas. É, aqui no universo ninguém tem pressa.

Se você gosta desse tipo de existência em 3-D, com briga, competição, desgaste, está tudo bem, pode seguir aqui, porque o tipo de vida de 3-D vai continuar. Mas aqueles que já se sentem cansados de tanto desgaste, estes começam a buscar dentro de si novas frequências.

Essas pessoas estão em busca da ascensão, onde você se eleva acima do desentendimento para uma consciência que tem unidade. Você se torna capaz de reconhecer todos os indivíduos que chegam à sua vida como família, ainda que não sejam de sangue. Quando você se encontra nesse estado, você já está nessa consciência una, pronto para a ascensão. Quando você respeita a todos como são, não importa quantos erros essas pessoas cometeram, isso significa que você já atingiu uma consciência superior, e a partir desse lugar você é capaz de ser compassivo com aqueles indivíduos que ainda não estão tão civilizados. Você não julga mais, você simplesmente quer ajudar a criar harmonia. Por exemplo, neste país ainda é necessário que se remova alguns indivíduos que não estão a serviço da harmonia e trazer indivíduos que já estão em si em harmonia. Quando as pessoas começarem a perceber que eles são o governo, quando a pessoa percebe que ela em si é o governo, nós nos tornamos mais responsáveis com cada expressão nossa. Toda essa confusão só acontece porque não existe liderança genuína. Temos suficientes bons líderes já nesse país. O que falta, ou o que é necessário, é que a gente queira ter esses líderes certos nos lugares certos. Tudo isso tem a ver com as lições que nos cabe aprender.

Por conta da enormidade de diferenças religiosas, as pessoas ficam impedidas de se unirem, uma vez que elas estão vendo só a sua parte da verdade, não estão vendo a verdade maior. Não percebem que as religiões estão manipulando. As religiões nunca nos disseram quem somos. Nunca ninguém nos disse que viemos aqui criar harmonia. A gente não veio aqui criar a guerra, a desilusão e produzir o sofrimento no outro.

São as energias aquarianas que vão nos forçar a fazer a jornada interna. Quando você for capaz de sustentar um espaço de intimidade e silêncio com você mesmo, você começa a convidar essas outras energias a entrar. As energias aquarianas vão curar as emoções em desequilíbrio. Vão curar essa fenda, essa separação, essa ferida entre a mente racional e a intuição. Essa é a harmonia que todos nós buscamos, quando somos capazes de curar todos os pedacinhos que negamos no passado. Essa cura do que foi negado só é possível diante da presença do amor em todas as doze câmaras do seu coração. O coração possui doze qualidades. Essas doze qualidades têm ligação com os doze signos do zodíaco. Quando você tiver estudado os doze setores astrológicos, você vai entender o poder do seu coração.

» *Você falou bastante sobre como praticar o amor, que a gente precisa praticar o amor por nós mesmos. Quando estou aqui presente, até aparecem várias oportunidades ou ferramentas, mas a questão é quando estou lá fora, no dia a dia. Então, você recomenda quais práticas, além da meditação, para amar a mim mesma?*

A prática começa no relacionamento mesmo. Qualquer encontro com uma pessoa, até desconhecida, é um relacionamento. É nesse encontro que você será capaz de testar, colocar em prática o seu potencial de amar o que acontece. Não é o que você diz. É uma atitude interna, é uma atitude de amizade. Quando o outro se sente confortável na sua presença, já é um sinal de que você está indo bem. Você já está realizando o seu trabalho interno porque você está praticando uma resposta mais amorosa do que seria antes.

Ao longo desse processo de observação, tome nota de todas as frustrações que você vai sentindo pelo caminho, aí você se pergunta, "O que está acontecendo comigo? O que me impede de aceitar essa pessoa como ela está ou como ela é?". Aí você vai descobrir, de novo e de novo, que você não aceita no outro o que você não aceita em si mesma. Quando você se dá conta disso, você pode tomar a decisão, fazer uma escolha de aceitar isso em si mesma e, assim, se amar um pouco mais. Quando você começa a se esforçar para aceitar o outro, ainda que você não goste ou não queira aceitar isso, você já está curando a si mesma também, nem que seja com esforço. Não é o outro que importa, é o que você acorda dentro de si. Quando você pode aceitar o outro, ainda que ele não seja tão nobre, você está, ao mesmo tempo, curando uma parte sua também. Essa é a benção por ter feito esse trabalho difícil.

» *Você pode só dar um exemplo real de alguma situação que, como você falou, alguém, vamos supor, você não quer fazer alguma coisa, alguma coisa que para você não é bom, mas de repente é bom para uma pessoa ou para duas pessoas, não é?*

Eu poderia dar milhares de exemplos disso. Se eu der um exemplo, talvez vocês vão ficar identificados com esse exemplo, mas está em todos, em todas as manifestações, porque tem a ver com atitude. A atitude do outro vai trazer à tona sinais que, ou te deixam tranquilo, ou vão te irritar. Se essa atitude te irrita, essa atitude está pedindo para ser curada em você também. Então cada vez que algo te irrita ou te produz uma emoção difícil, tome nota dessa irritação e dessa emoção, porque é aí que você pode começar a trabalhar. "O que acontece comigo?". Você volta no passado e observa quando essa poluição entrou na sua consciência. Normalmente foram nos primeiros 10 anos da vida, porque está no seu programa de base, e você ainda obedientemente estava atendendo a esse programa de quando era pequena demais para escolher sozinha. Seus pais sempre falaram, "Obedece, menina". Aí você cresceu e se tornou capaz de deliberar por si mesma. Obedece, menina! É muito doce que você ainda seja obediente, mas é melhor ser consciente [risos].

» *Tenho uma dúvida. Nós também somos atores na vida de outras pessoas, como as pessoas são atores na nossa vida. Aí me confundo um pouco com a questão de onde eu estou me considerando muito ego centrada, sabe? Onde talvez eu esteja achando que tudo gira muito em torno de mim mesma. Não sei.*

A única relação que tem valor nesta vida é a que você tem com você. As relações que você tem com todas as outras centenas de pessoas estão aí para mostrar um aspecto de você. Esse aspecto pode ser bom, esse aspecto pode não ser tão bom. Tudo é para você, para o seu crescimento, até que você faz um balanço da sua relação. Assim que você vai fazendo sua contabilidade, você começa a observar e dizer assim: "Nossa, eu tenho nesses meus desafios dos encontros manifestado a minha luz ou eu tenho reagido com as minhas negações?". Quando você começa a desenvolver esse raciocínio de auto avaliação você já começa a estar no caminho de casa. Você começa a desenhar uma estratégia para você que começa por aquilo que você quer resgatar em você. Isso é criação, porque você é uma criadora.

Você observa com mais nitidez as possibilidades e escolhe aquilo que te parece a melhor escolha. Quando você acorda de manhã, você lembra que é divina. Você canta e celebra, porque se lembra de que é divina. Algumas pessoas se esqueceram e entram em depressão porque se desconectaram da lembrança de que são divinas. Mas somos crianças da luz em despertar. Ainda somos poucos despertos, mas quando um desperta, outros, por milagre, começam a despertar também. É por isso que estes tempos são tão incríveis, porque a humanidade está despertando. No planeta inteiro existem grupos como o nosso discutindo, relembrando o que significa a vida. Não existe mais aquela panela e consciência de clube, ou você pertence ou você não pertence, porque a gente não precisa mais de um selo externo que nos represente como pertencendo a algo; a gente sabe que somos membros da humanidade. E também a natureza, os animais, as árvores, são parte dessa família que nós vamos chamar de humanidade.

A natureza e a natureza humana são a mesma coisa e aqui nós temos sido educados a viver uma vida pouco natural. Nós, por conta disso, deixamos de conseguir reconhecer o outro como parte de quem somos. Estávamos muito mais ocupados na criação da nossa individualidade e da nossa normalidade. Agora precisamos entregar essa individualidade e nos tornarmos quem somos. Quando reconhecemos que somos a mesma espécie, carregamos as mesmas qualidades, viemos do mesmo pai e da mesma mãe. Quem é o seu pai? Quem é a sua mãe? A Mãe Terra é a nossa mãe, o Pai Sol é o nosso pai.

» *Robert, eu gostaria de escutar mais o senhor falar sobre essa questão de quando nós estamos no papel de servidor, quando nós somos o espelho do outro. Se por acaso você tem algo a comentar quando a situação de espelho é muito forte mutuamente. Quando você tem algo a aprender muito forte com outro, o outro tem algo a aprender muito forte com você.*

Exato, quando você observa alguma coisa dentro da outra pessoa que você não aprova, se expresse de um jeito elegante, não com raiva. Não precisa da escuridão.

Não com ciúmes, não com ressentimento. Isso não mais, não mais com culpa. Se expresse de coração. Quando a pessoa tem um problema, ela tem um problema porque não entende da vida. Se você fica com raiva dessa pessoa, ela não vai se recuperar nenhum pouco, pois você mostra no espelho o que não é legal. Mas quando você mostra no espelho que é com um pouco mais de entendimento, amor, cuidado, e vontade de ajudar, depois a pessoa muda. Isso é mágica. Essa mágica você pode produzir. Essa é a nossa honra, a nossa oportunidade.

2

O CAMINHO DO ENCANTAMENTO

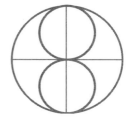

Gostaria de falar um pouco sobre nossas crianças. No entanto, nossos filhos pequenos não são tão pequenos quanto se pode imaginar. São almas muito antigas que entraram para ajudar. Não vieram aqui aprender nada, vieram ajudar, e chegaram com sua inteligência e suas habilidades intactas aqui no planeta. Elas são capazes de lembrar do seu objetivo de vida, sabem o propósito que carregam aqui no planeta. Então, pais, por favor, comecem a levar seus filhos mais a sério. Leve-os a sério desde o momento do nascimento. Eles são almas muito anciãs. Eles sabem muito. Eles poderão indicar a verdade, pergunte a eles. Você precisa perguntar, senão eles não dirão nada. Nós precisamos desesperadamente de uma nova norma na educação, uma nova norma de aprendizagem.

O sistema de educação precisa ser revisado. Ele é ignorante e precisa mudar rápido porque as crianças não o estão aceitando como está. Por que vocês acham que tem tanta mudança acontecendo no planeta? Porque estas crianças estão presentes e as forças da escuridão fazem de tudo para aniquilá-las. Elas aniquilam essas crianças com programação, com celulares, e fazem dessas crianças robôs ambulantes. Essas crianças se confundem no meio dessa prisão de distração e não sabem sair dela.

Uma criança que estiver com plena saúde, com plena capacidade de se lembrar sobre si mesma, vai rejeitar todo e qualquer sistema, assim como as programações que vêm com ele. Elas vão se recusar a negociar diante de rituais e hábitos de 3-D. Elas são donas de personalidades fortes, e conseguem enxergar com muita nitidez os erros na sociedade. Pode ser que elas não saibam como equilibrar, mas vão mostrar para a humanidade o que está errado. Os jovens mudarão não apenas seus pais, mas mudarão também as autoridades no seu modo de enxergar a vida. É preciso que mudemos a forma como lidamos com as questões da vida, principalmente com relação ao meio ambiente. O meio ambiente é atacado e abusado diariamente. Esses jovens não suportam ver isso. Eles vão lutar contra isso e tudo mudará porque, ao despertar, eles revelam a verdade.

A influência do governo na vida privada também precisa mudar, assim como as questões sobre política. Fica cada vez mais nítido para essas crianças o que precisa ser sanado, pois elas percebem que os mais velhos não sabem o que é viver. Vocês rapidamente verão o resultado desse despertar. O sistema econômico vai mudar. Ele vai se fundir com o sistema ecológico para a distribuição de riqueza. Essa circulação do que são as riquezas vai acontecer entre pessoas e não mais de instituições para pessoas. Não vão haver mais corporações, pois elas são desonestas e manipuladoras. Tudo isso precisa mudar. Precisamos reaprender a tecer as relações. Vamos voltar a fazer intercâmbio de dons, talentos e serviços, e vamos parar de vender o que a gente tem pela melhor oferta ou a maior oferta; vamos dar para quem mais precisa primeiro. Esse tipo de rede já começa a se formar, mas os líderes, a partir da mídia, tentam não mostrar as evidências de que isso já está acontecendo. Eles simplesmente deixam de mostrar para que as pessoas não vejam. Mas esse jeito de fazer o intercâmbio de relações e de riquezas é o futuro. Isso vai se disseminar de forma geométrica.

Vamos parar de caminhar pela passagem estreita da mente medrosa e, em vez disso, seguir o caminho do encantamento, da excitação, do entusiasmo do coração, onde você permite ser influenciado e inspirado pelo coração. Essa é a vida hoje. Você se torna livre muito rapidamente de tudo o que antes tinha medo.

Todas as pessoas de todas as culturas ao redor do planeta estão à espera da entrada da era dourada, e a era dourada é o que acontece agora. Essa linha do tempo nos encontrou. Estamos trilhando esse caminho, e o nosso mundo será um mundo onde cada pessoa expressa a marca da divindade, que é amor, que é espírito, que é Deus dentro de cada um. Quando você percebe que assim é, que você representa essa energia divina, você se fortalece e se desafia a cada encontro para se tornar uma expressão do divino. Na medida em que você se manifesta com sua divindade, outras pessoas se inspiram e começam a reconhecer a divindade nelas também. Este tempo chegou.

Na medida em que a luz se expande e tudo se acelera, todos nós somos tocados por essa luz, que é a força infinita da criação. Quando você respira profundamente, trazendo para dentro de si essa força criadora, você se torna mais e mais equilibrado. O bem e o mal recebem o que lhes corresponde, e em cada uma dessas experiências, oferecidas tanto para o bem quanto para o mal, você tem a oportunidade de fazer a sua escolha. Ainda que em sua vida inteira você tenha se expressado de forma negativa, você pode, simplesmente, no momento seguinte, respirar profundamente e fazer uma escolha: "A partir de agora eu escolho manifestar o bem que me habita". Talvez seja preciso que, primeiro, exista um pouco de faz de conta. Mas quando você começa a fazer de conta, e se dá conta de que está funcionando, e que isso é você mesmo, aí as pessoas podem te perguntar: "Nossa, mas era a nuvenzinha negra em cima da cabeça. O que aconteceu que agora você está solar?". E aí você diz: "É verdade, eu tirei a nuvem e o que estava lá era o sol". Simples assim. Mas a grande dificuldade de todos nós está em admitir que estamos sob o controle da escuridão. Costumamos guardar essa nossa parte acorrentada em segredo. Chegou a hora de isso ser revelado. Se as pessoas disserem: "Ah, mas aonde foi parar aquela pessoa? É, ela se foi". Liberdade é permitir a mudança. Aqueles que entram nesse reino de se sentirem unidos a todas as outras pessoas, estes são os que ajudam a criar o novo mundo. Todos podem participar. Ninguém vai ser barrado na porta. Todos que compartilham da mesma intenção estão convidados a participar desse momento. A intenção de estar unido ao outro é suficiente. Agora, todas as vibrações mais baixas da negatividade pedem para ser substituídas ou atualizadas na luz do amor. É claro, isso se você deseja continuar existindo neste mundo de integração, porque se você não deseja, você será removido deste mundo. Não tem problema, porque você pode encarnar de novo num outro mundo da 3-D e reaprender com as polaridades.

    O mundo do futuro que a gente deseja criar já existe, mas ele existe em outra frequência vibracional. Quando a ascensão terminar de acontecer, que é quando passamos de padrão vibracional – o que está perto de acontecer – aqueles que reconhecem o amor dentro de si já estarão nessa vibração, e aqueles que ainda estão bloqueados ao amor talvez precisem de um pouquinho mais de tempo na 3-D.

A escolha é individual. Por essa razão, a preparação espiritual para esse momento é fundamental, é da maior importância. Também é da maior importância que mais pessoas se interessem por esse tema. Mas como ainda existe muita gente distraída com questões materiais, algumas pessoas ainda vão precisar de mais tempo. Existe também, agora, uma explosão de informação no ar. E informação demais pode gerar confusão. É recomendável usar o seu discernimento em todas as coisas, incluindo aquelas informações ditas canalizadas. Use seu discernimento. O discernimento é um direito seu, de nascimento. Você começa a discernir de fato quando confia em si mesmo. Se você não confia em si, você não terá discernimento em nenhuma área da vida.

O primeiro trabalho é confiar em si mesmo, ter fé no próprio coração e permitir que o discernimento que resulta dessa comunicação livre te oriente. A confiança vem com a prática. Você vai precisar provar a si mesmo, através de muitas e muitas experiências que vão te testar que, sim, eu confio em mim. Não importa o que aconteça, confie. "Eu precisava disso. Minha alma atraiu isso para eu ver como eu reagiria". Observe sua reação, pois ela revela no que você acredita. Estude o que você acredita e veja se você ainda defende essa crença. É recomendável ser mais flexível, mais permissivo.

Quando você tem dúvidas sobre a informação que chega até você, você pode consultar os seus sentimentos. Sua alma vai emitir uma resposta instantânea, e você vai saber, assim que esse sentimento chegar ao seu plexo solar, se você se sente bem ou se você se sente mal com aquela informação. Se você nada sente no momento em que respira em conexão, você pode ou sair andando ou, então, fazer uma pergunta para que aquilo se esclareça. Sua alma conhece a verdade. Sua alma possui um sistema de *feedback* instantâneo que te avisa se você está no caminho correto ou se você precisa fazer algum ajuste. As respostas ou sinais da sua alma vêm na forma de sensações, um sentimento intuitivo que é prazeroso ou desconfortável, que você aceita ou resiste. Você pode confiar nessa sensação. Também isso requer prática. O sistema de comunicação com a alma normalmente está à deriva, perdido por aí, porque as pessoas têm o vício de não confiar no que percebem. Elas costumam ir para o arquivão da mente para analisar a situação, achando que vão achar ali alguma resposta. O resultado de se analisar algo novo que surge na mente é a confusão. O preço que você paga por isso é o de caminhar em dúvida, o que significa que o chakra do coração está fechado, sem utilização. Você estará condenado a uma vida solitária. Mas quando você é mais aberto, mais flexível, a intuição se manifesta num instante. Assim como o instinto, a consciência – ou bondade irradiante –, a inspiração, a aspiração. Tudo isso vem da alma. Honre por estar exatamente onde você está. Coragem, fé. Você possui todas essas qualidades. Basta que você volte a senti-las. Estas qualidades vêm diretamente da sua alma, não brotam da sua cabeça. A mente é um computador que te ajuda a lembrar de tudo o que você viveu nessa vida. Através da intuição, você terá acesso ao conhecimento que já coletou ao longo de milhares de vidas. A alma carrega essa grande quantidade de informação. E ela está bem aí, plantada dentro de você, esperando reconhecimento.

 Quando você começa a soltar os medos e se permite uma conexão mais amorosa, você volta a sentir o que está disponível e, assim, reconhece cada experiência e cada encontro com outra pessoa, como um desafio pessoal. Com isso, você pode se observar dançando em harmonia com o que se apresenta. Essa é a jornada de cada ser humano: reaprender a se comunicar com a própria alma. Este é o grande momento onde passamos a agir dessa forma. E isso começa quando desperta em você o aspecto espiritual do seu ser.

Pegue um pedaço de papel e comece a anotar o tipo de valores que você adotou e criou nesta vida, lembrando que o amor e o medo caminham de mãos dadas. Mas lembre-se, nossa sociedade está em negação do amor. A sociedade, como está hoje, tem como alimento, inclusive, o medo produzido pela mídia. A mídia nos produz esse medo. Estamos todos absorvendo o que a mídia emite sem colocar nenhum filtro. Por essa razão, as pessoas vão perdendo a conexão com o amor, elas confundem o amor com gostar. Elas acham que amor é por aquilo que gostam, e elas não amam o que gostam. Não é possível amar e não amar ao mesmo tempo. Quando você ama e não ama, na verdade, você gosta e não gosta. É a mente. A maioria das relações tem a ver com: "Vamos ver o que você me dá. Se você para de me dar o que era bom, eu não te amo mais". Essa relação, quando o amor acaba, quando eu não gosto mais do que você faz, nunca foi amor.

Na 3-D é muito difícil entender o que é a experiência do amor. Se você estiver realmente conectado com quem você é, você já sabe que você é esse amor. A questão aqui é que você não precisa mais de alguém para te trazer amor; você tem a necessidade de compartilhar amor. É uma questão de dualidade. Essa dualidade também existe na alma, e existe um esforço pessoal para equilibrar essa dualidade. A nossa própria Mãe Terra vive uma situação bipolar. O que precisamos é de luz, e a luz é absorvida pela respiração. A respiração que carrega luz é também poder, porque ela ilumina tudo aquilo que você é e conhece. A luz, basicamente, é conhecimento. E o amor é compreensão, entendimento. Essas são as suas faces da divindade. Você é essa divindade. A escuridão está baseada na ilusão e no engano, e tem a maestria no topo. Por essa razão, temos a escravidão mental e física para todos os seres humanos aqui, porque existe uma dinâmica de se querer chegar ao topo para se poder dominar e controlar aqueles que estão embaixo. Muitos humanos se tornaram membros das forças escuras e estão presos na escuridão. Se eles estão aí é porque cabe a eles descobrir a forma de se desvencilhar da situação que os levou para essa prisão. O que faz com que as pessoas se submetam à escuridão é o hábito. Qualquer tipo de hábito perpetua o cativeiro. Você pode muito bem se manifestar com entendimento e força em vez de hábito. Quando você faz escolhas de livre arbítrio orientadas pela sua consciência no momento, essas escolhas serão honradas, ainda que elas tenham uma tendência de ir na direção da escuridão. Em algum momento, o próprio caminho se esclarece, porque as experiências vão sendo atraídas para testar a qualidade da sua escolha. E, de fato, a clareza espiritual vai retornar para todas as pessoas uma vez que elas tenham conseguido atravessar o vão escuro.

As pessoas que estão à margem do nosso planeta, que são mais ou menos quatro bilhões, são as mais inocentes, as mais carentes, as mais esquecidas. Quatro bilhões. Nem todas essas pessoas escolheram uma aprendizagem cármica. Ninguém escolheu a pobreza, as situações extremas, a profunda violência, muito menos a vergonha. O sofrimento desses bilhões de pessoas é causado pela depravação dos poucos que controlam as massas, daqueles que tomam as decisões, como governos e organizações, instituições que são totalmente cativos dos seus mestres públicos. O livre arbítrio não tem sido uma opção para a maioria de nós no planeta. Os inocentes não estão livres, eles são controlados. Ao mesmo tempo, o universo não vai negar o livre arbítrio para as forças escuras. Deus não vai impedir aquilo que produz inveja e nem aquilo que produz incerteza para a maioria. Deus não vai salvar ninguém. Por quê? Por que Deus não vai cuidar disso? Porque Deus já está dentro de você. Ele está esperando você dar atenção a essa divindade de amor em você para que você a compartilhe. Pare de ser fascinado por esses medos dramáticos.

» *Minha dúvida é sobre os inocentes. Você disse que eles são vítimas, que não escolheram. Mas e aquela coisa de a gente atrair aquilo que precisa aprender? É uma escolha de alma? Não seria uma escolha de alma eles estarem participando ou sofrendo aquelas situações?*

Sua alma tem um contrato. Esse contrato tem a ver com todas as aprendizagens com as quais você quer se comprometer e todas as questões que você deseja curar. Todo mundo tem contrato preencarnatório, porque você deseja aprender aquilo que não foi possível no passado. Você escolhe pais que vão te oferecer a genética necessária para trazer parte das lições. Você entra com toda a coragem do universo. Aí você esquece, nasce e passa pelo processo de esquecimento. Um bebezinho não lembra mais. Aquele bebezinho é totalmente permeável e aberto ao que o pai e a mãe vão transmitir, uma vez que essa consciência que ainda não se desenvolveu não tem a possibilidade que a de um adulto tem. É onde tudo começa.

Existe um grande risco de a vida seguir em frente e você não lembrar quem você é e o que vê. Mas quando chega o momento do seu relembrar, sua alma vai atrair uma situação que vai te dar um chacoalhão com o objetivo de começar a abrir a fenda que vai te fazer lembrar. Você sempre está em boas mãos, não importa a situação. Você nunca está só. Sua alma sempre está contigo. Se você confia que a situação que você atraiu foi uma escolha da sua alma, você olha com mais honra e respeito para a situação, você vai se expressar de outra forma, com muito mais amor do que tinha antes. Esse é o despertar. Por isso, cada experiência que chega até você nada mais é do que uma oportunidade para abrir mais e mais a fresta da consciência. Como feedback dessa lição aprendida, você recebe um sentimento de alegria e a confiança de que está percorrendo o caminho certo.

É muito importante usar a qualidade da compaixão que habita em você, compaixão em especial por você mesmo(a), por não ter acordado antes, e gratidão por aquilo que você agora enxerga. Com isso, sua vida só melhora porque você não depende mais de ninguém, você começa a depender de si. Você usa seu discernimento, sua conexão com a alma, e se torna outra pessoa, pois começa a descobrir todo tipo de coisa que nunca tinha antes visto. O que você vê hoje sobre si mesmo(a) não passa de 2%.

» *Então, o que ela disse é real, que essa situação de as pessoas que chamamos de sofredores, vítimas, elas também atraíram para suas vidas numa condição inicial?*

Eles escolheram entrar numa situação de vitimização porque faz parte do contrato a superar.

» *Robert, isso se dá também com as pessoas deficientes, com as crianças que nascem com síndrome?*

Algumas deficiências são criadas aqui no planeta. As vacinas que as crianças recebem estão todas envenenadas.

As vacinas contêm substâncias esterilizadoras. Com elas, as pessoas deixam de conseguir manifestar a fertilidade. Há um plano das pessoas na escuridão de remover 60% da população terrestre. Seu alvo são as crianças. Aquelas crianças que nunca receberam uma vacina são sortudas. O autismo está relacionado com as vacinas. As crianças com Síndrome de Down são diferentes. Elas não são crianças com algo errado; são seres muito evoluídos, são matemáticos, músicos. Elas não conseguem estabelecer uma comunicação muito fácil com esse mundo porque elas vêm do reino da música. Você pode se conectar com elas através da música. Elas não vivem muito tempo no planeta, 30 anos talvez. Elas escolhem viver esse curto período aqui na Terra para ancorar a memória curativa do som. Na sua alma, elas são mais evoluídas que a maioria dos humanos. Quando você vê pessoas com Síndrome de Down juntas, entre si, você percebe que elas são sempre muito amorosas, estão sempre segurando as mãos. O melhor espaço para estas crianças é onde exista muita arte e muita música. Algumas destas crianças são capazes de se comunicar através de uma linguagem matemática muito avançada. Proporcionando isso, elas encontram seu espaço de harmonia. A próxima encarnação para essas crianças, que desta vez se voluntariaram para vir como Down, será muito harmoniosa, pois agora que já conheceram o que é esse plano mais físico, elas terão condições de se expressar plenamente na próxima encarnação.

A decisão de cada um será honrada pelo universo, seja uma escolha pela luz ou pela escuridão. A mãe, o planeta Terra, está se preparando para ir mais fundo na 4-D. Na medida em que a Terra fica mais imersa na 4-D, existe uma aceleração das coisas. Vocês vão observar que esse ano vai voar comparado com o ano passado.

» *Robert, esse movimento de transição para uma era mais evoluída, vai ser algo mais natural ou ele vai exigir...*

Vai ser muito natural e muito belo. Não vai haver guerra. A luz não pode mais permitir a guerra. Tudo o que for escuro vai ser exposto para que possa ser curado na luz. Quando nós amadurecemos, a gente não fica mais bravo com a corrupção, porque enxergamos a doença nessas pessoas. A questão agora é remover essas pessoas e colocá-las no lugar correto para que elas possam reaprender a agir com amor, e colocar em seus lugares líderes que já tiveram sua sabedoria provada de como servir a todos. Esse é o processo pelo qual todos estamos passando. Nem toda a corrupção foi exposta, mas existe suficiente informação já visível para que as pessoas possam fazer escolhas diferentes, pois o verdadeiro governo são as pessoas. Os líderes genuínos ouvem a voz do povo e tomam as decisões corretas. A corrupção que está sendo exposta não está sendo mostrada por pessoas, está sendo mostrada pelo movimento da luz. É a luz que produz fragmentação e é assim que a gente pode mudar.

O controle da mente é a principal força manipuladora da escuridão. A partir do controle da mente, eles estão mantendo cativos todos os humanos. Assim sendo, a humanidade deixa de ter acesso ao livre arbítrio, uma vez que todos estão fazendo suas escolhas a partir do controle. Nosso desígnio aqui é nos tornarmos livres, restaurarmos nosso livre arbítrio para que sejamos capazes de fazer uma escolha voluntária do que queremos, o que se resume em tomarmos uma decisão voluntária de nos livrarmos da escuridão.

Quando você solta a escuridão, você corta o cordão de ligação dela com você e ela enfraquece. Cada vez que você reage emocionalmente de forma negativa, você está ajudando as forças escuras, você está dando parte da sua energia vital para parasitas que controlam as massas. Quando você corta este cordão umbilical, esses parasitas se enfraquecem. Quando as pessoas começam a entender como nós estamos desperdiçando nossa força, quando mais pessoas aprenderem a confiar na luz que já reside em nós e reconhecer o conhecimento individual, nesse momento o controle mental não tem mais domínio sobre você. Não dê mais bola para isso. Quando você enxerga e faz uma autodenúncia, você diz: "Não". Mesmo assim, os efeitos do controle mental vão continuar por um tempo, assim como o efeito de outros métodos que foram desenhados para o controle das massas, seja pela distorção, pela falsa educação ou pelo engano. Tudo isso vai continuar, mas vai começar a se dissolver.

Só quando a fonte da escuridão passa a ser ignorada pelo indivíduo, pois ele não mais a percebe, o negativo é removido da sua vida e passa a imperar a impossibilidade de que a escuridão volte a entrar. O apego às expressões negativas começa a se dissolver. Negatividade é um padrão que tem sido alimentado por milênios, e todos nós herdamos essa programação. Tudo isso que foi construído em milênios pode desaparecer em anos. Isso acontecerá se um número suficiente de pessoas começar a despertar e colaborar entre si.

Cooperação e colaboração não são muito bem compreendidas e praticadas na sociedade, mas a previsão é de que aprenderemos, sim, como criar harmonia juntos. Essa harmonização em conjunto acontece quando a gente reconhece todo mundo como parceiro de jornada, quando você começa a participar da vida como um apoiador ativo das mudanças, quando você coopera com todos os agentes que aparecem na sua vida de forma que todos começam a perceber o que você está vendo e se sintonizam com essa visão.

O controle mental é muito comum. Temos sido controlados pelos outros por milênios. Nossas funções mentais e físicas são controladas. Isso é feito através da hipnose da população com sugestões estratégicas, drogas, algumas privações sensoriais ou tortura física. Todas essas coisas são arremessadas em nós. O que está acontecendo agora é o implante de chips de computador. São microchips controlados. Você não faz a menor ideia do que eles produzem. Qualquer um que aceite ser "chipado", acabou, porque essa pessoa passa a ser totalmente controlada a partir de um comando central. O que você lê na mídia também é controlado e também carrega uma dose de hipnose. Todos oferecem informação falsa com o propósito de confundir as pessoas ao manter parte da informação de fora. Uma das formas mais comuns de controle mental é o condicionamento que acontece nas escolas, é onde a principal camada da escuridão começa, e nas igrejas, nos grupos políticos, nos estabelecimentos militares ou qualquer outra agência ou instituição que diz como você deve conduzir sua vida. E você faz do jeito que eles dizem para você fazer. As pessoas não questionam os fatos básicos. As pessoas não usam um juízo sadio. Elas acreditam em qualquer coisa. Elas olham para o celular, para algo que alguém escreveu e simplesmente absorvem, não se dão ao trabalho de verificar. A quantidade de informação falsa é enorme. Ela é transmitida como se fosse verdade. Algumas vezes isso é feito de forma inocente, e muitas vezes é sabido, é de caso pensado que se transmitem informações falsas.

» *O que você pensa sobre a Bíblia, o Alcorão, esses textos que foram deixados?*

Todas as escrituras sagradas foram escritas por extraterrestres. Não existe nenhuma religião, nenhum relato religioso escrito por Deus, simplesmente porque o sistema de crenças de Deus habita em só um lugar, que é dentro do seu coração. Não é do interesse da elite que você desperte para isso, porque, assim, você vai se tornar livre e não será uma ovelha. Por essa razão, os ensinamentos universais são distorcidos nas escrituras. É por isso que, embora alguém seja cristão, ele pode ser cristão e não ser amoroso. Se a gente olhar para a história do cristianismo, é um pouco vergonhoso ver as coisas que o cristianismo já patrocinou. Isso acontece com todas as tradições e culturas. Todos eles se acusam e brigam entre si. Mas se eles tivessem um reconhecimento da própria religião, eles seriam muito mais amorosos. Existem informações incríveis dentro da Bíblia e do Alcorão, mas como isso depois é escrito pela mão do homem e transmitido pela palavra do homem, existem pequenas interpretações e distorções que levam a outros caminhos. Observe, por exemplo, a influência da Bíblia na vida das pessoas e as distorções deliberadas que foram feitas, século após século, da versão original.

Sua alma conhece a verdade. Então vá para a alma. Esqueça os livros. Na hora certa, você vai saber exatamente o que fazer. Você sabe, através dos seus sentimentos, o que ressoa como verdade, e suas emoções vão ressoar na aprovação ou na desaprovação. Confie nisso. Quando você estiver lendo a Bíblia, nesse sistema de reconhecimento de ressonância, você vai saber o que é saudável e o que foi manipulado. Você pode fazer a mesma coisa na meditação. Você coloca uma situação na meditação, coloca a sua questão e imediatamente a resposta aparece. A meditação tem a ver com três palavras: respirar, se conectar com o coração e colocar a pergunta. Aquiete a mente e escute a resposta. Esse é o processo.

» *Eu queria entender melhor. Considerando que quem praticam o mal é tão humano como eu, carrega a divindade tanto quanto eu, enfim, somos iguais, que ele chega aqui tão apagado quanto eu sobre o que o trouxe à terra em termos de aprendizado, ouvindo você, parece que o mal se organiza tão bem na face da Terra, né? Essa elite, por exemplo, a elite é feita de pessoas tão humanas quanto eu, que nascem com histórias parecidas. Então, o que faz esse mal se organizar de uma forma tão nefasta? Por exemplo, me marcou o exemplo que você deu das vacinas. É uma coisa difícil de acreditar, porque vacina é feita para controlar uma doença. Como esse mal se organiza tão bem e o bem não se organiza tão bem assim, se eles são forças teoricamente iguais?*

É muito difícil de entender como a escuridão funciona. É difícil de entender. Sua pergunta é muito boa. A questão é que a gente vem sendo controlado há tantos milênios por essa força, por essa programação da escuridão, que o nosso próprio funcionamento mental já está viciado nesse padrão. Todas as religiões são controladas por extraterrestres. Agora, você precisa aprender a olhar atravessando a realidade, se sentir grato que agora você vê sem precisar acusar ninguém. Tudo isso vai se dissipar.

Nossa terra é envenenada diariamente com produtos químicos. Cada vez que você vai ao supermercado, você traz compras lotadas de veneno. E quando você come esse tipo de comida, o seu sistema imunológico cai porque a comida foi desenvolvida para estimular doenças. Nós não temos a necessidade de que ninguém adoeça. Nós já temos a capacidade de cura instantânea. Todas essas pessoas que carregam doenças, estão carregando junto ilusões. Elas não acreditam em si; elas acreditam no médico, numa força externa. Isso é um equívoco, pois não existe força externa, só existe força interna. É preciso aprender a seguir a crença interna e não em nenhum sistema de crença que está aí fora. Aprenda a respeitar a si mesmo em vez da autoridade. Quando você faz essa virada de lente, você começa a enxergar com clareza. A intenção maior das forças da escuridão, ou a última grande intenção, é conseguir influenciar todo mundo. Querem manter as pessoas presas. A igreja católica tem supercomputadores em todos os países do planeta com o objetivo de catalogar seus fiéis. Como a igreja ainda é uma maioria planetária, eles querem saber como está o termômetro de despertar da humanidade. Quando eles começaram a observar que a humanidade estava começando a andar mais rápido, eles tomaram uma providência rápida, que foi derrubar as Torres Gêmeas em Nova York, aí começaram a criar problemas no Extremo Oriente e no Oriente Médio. Todos estes conflitos que a gente fica assistindo na mídia, são criados pelas mesmas figuras; os que contam a notícia são da mesma origem de quem inventou a notícia. Isso gera uma disseminação de poluição emocional e mental no planeta inteiro. E eles, ainda por cima, além de envenenar a mente e a emoção, envenenam a nossa comida, a nossa terra e o nosso ar, e ninguém nem percebe e nem reclama.

» *Como você acredita que nós, individualmente, hoje, podemos contribuir para levarmos um estilo de vida, ou que tipo de estilo de vida, que seria mais adequado para que conseguíssemos equilibrar essa situação?*

Ser mais honesto. Quando eu me torno honesto comigo mesmo, eu sou capaz de ser honesto com as pessoas que estão ao meu redor. Você pode fazer uma escolha: "Eu quero cuidar de mim, quero cuidar do meu corpo". Não quero dizer estética, quero dizer qualidade de comida que estou ingerindo, e se essa comida nutre de verdade, se ela está me fortalecendo. Quando você passa a ter essa vontade, você começa a perceber o que não é nutrição verdadeira. O ideal é o alimento orgânico. Mas o ponto mais importante nesse momento é o corpo mental, onde você é capaz de reprogramar a mente com pensamentos, onde você ganha e todo mundo também. Essa reprogramação só pode ser feita na hora em que percebemos qual a melhor escolha que podemos fazer.

Isso significa resgate do exercício do OBA. Quando você se percebe dizendo OBA diante da situação, é porque você está pronto para Observar, para Balancear o que está acontecendo, e para Aceitar. Tudo é como pode ser. Essa é a prática regular das crianças da luz. Você vai perceber que você faz o exercício do OBA muitas vezes ao dia e isso acelera o processo de abertura da consciência, você começa a ser capaz de se elevar acima dessa polarização "ou é bom ou é mal".

» *Voltando no tema das crianças, você tinha falado que até 10 anos...*

As crianças, elas vão absorvendo a programação no primeiro decanato, nos primeiros 10 anos de vida, inclusive do seu grupo social. Depois disso, eles já começam a ter deliberações diferentes. Se você instruiu bem os seus filhos a partir do seu próprio exemplo, você pode ficar tranquilo, porque eles absorveram as suas atitudes e eles vão estar seguros para o resto da vida. Às vezes é muito difícil quando os nossos filhos saem de casa, pois a gente quer continuar amparando, protegendo, controlando, mas esse não é mais o caminho do pai e da mãe. Eles precisam dessa experiência.

Aqueles que escolheram servir às forças escuras, acreditam que a escuridão é mais forte do que a luz. Esse é o problema dessas pessoas. O controle mental vem de uma energia que cria a poluição. Essa energia de controle envelopa o planeta. Ela estimula a separação, a guerra, a tortura e também estimula a pobreza e a doença. É isso que essa programação mental faz, e é claro que os nossos líderes oferecem uma distorção de valores igual a uma distorção do que é Deus. Eles também são controlados para fazer isso. Quando você entra em desespero, isso vai levar ao medo e o medo é um vírus, é uma forma contaminadora e contaminante de negatividade. Essa é a intenção da escuridão: espalhar o medo, porque eles sabem que quando você está sequestrado pelo medo, você está separado da sua luz.

O medo é incompatível com a luz. Imaginem que agora a nossa terra, o nosso planeta, está lidando com poluição inocente, porque as pessoas que carregam em si a escolha pelo medo não têm a menor ideia de que elas estão poluindo o planeta. Temos hoje bilhões de almas nesse planeta que estão a serviço de gerar o medo. Essas pessoas, sem saber, estão a serviço do seu próprio pior inimigo, que são as forças da escuridão. Nosso planeta sustentou essa poluição por milênios, mas agora a nossa mãe está começando a demonstrar alguns desconfortos. A gente consegue notar isso nas mudanças climáticas, porque ela, a Mãe Terra, de tempos em tempos, precisa se libertar daquilo que é muito pesado. A natureza está sufocada pela quantidade de poluição que está sendo depositada sobre ela, e por conta dessa poluição as árvores, os animais e as pessoas estão todas ameaçadas. Quanto mais pessoas se alinharem ao seu próprio coração, o controle mental não poderá mais se desenvolver, inclusive não só não poderá mais nem existir e nem se espalhar. A luz é capaz de dissolver e transmutar o que é escuro muito rapidamente. Lembrem-se, quando a polaridade positiva e a negativa se encontram, a luz acende. A mente é masculina e a intuição é feminina. É o positivo e o negativo da sua consciência. Quando essas duas partes nossas se reconectam, a luz flui, e essa é a cura, é o religar. Essa é a nossa religião, nos religarmos ao coração.

» *Você poderia definir o que considera extraterrestre?*

Nos casos que citei um extraterrestre, seria um draconiano ou um membro da civilização de Órion. Eles são alienígenas de orientação negativa. Eles vivem entre nós. A maioria das corporações têm no controle, na sua cúpula, pessoas líderes de Órion. Os reis e rainhas, os famosos sangues azuis do passado, eram draconianos e ainda estão aqui. As famílias reais são todas draconianas.

» *Mas eles são humanos?*

Não são humanos. Eles assumem a forma humana, mas não são humanos. São seres de quinta dimensão negativa. Eles conseguem sequestrar a sua mente num instante e de grandes quantidades de pessoas num só estalo. A rainha Elizabeth, da Inglaterra, foi entrevistada recentemente e perguntaram: "A senhora é extraterrestre?" Ela fala: "Sou". Ela diz: "E você é o meu súdito". E ela nem piscou diante da pergunta. É muito poderosa. São muito ricos porque roubam a energia das pessoas para si e são apenas doze famílias que dominam toda a humanidade.

» *São apenas os draconianos e os de Órion, ou tem mais algum que é de orientação negativa?*

Existem outros, mas também existem alienígenas que são positivos. A diferença entre o alienígena positivo da luz e o da força negativa é que os negativos invadem enquanto os positivos precisam ser convidados a entrar.

O desejo de controlar o outro não é novidade. Desde os princípios dos tempos na 3-D, os fortes dominam os fracos de todas as formas possíveis. Essa fórmula evoluiu nos dias de hoje para a manipulação mental e emocional. Cada psique da pessoa é influenciada por isso. A psique é a chave para intervir no crescimento pessoal do outro. Seria uma espécie de um arauto no passado, aquele que, nos tempos antigos, subia em seu púlpito e espalhava a notícia. Ninguém ia para a praça pública espalhar a notícia sobre o que estava acontecendo. O arauto fazia isso. É como se fosse um porta-voz. A mensagem que o arauto recebia já era manipulada para distorcer a percepção das pessoas. Eles passam informações falsas para aqueles que não estão nem suspeitando de que é falsa. Esse papel, que antigamente era do arauto na praça pública, hoje é da mídia. É por isso que você precisa se libertar de gerar informação a partir da mídia. Você precisa começar a gerar informação a partir de si mesmo.

» *Como você reconhece um grande líder pensando nessa manipulação política e em toda essa questão extraterrestre?*

O líder genuíno é instantaneamente reconhecível pelo amor genuíno que expressa. O líder genuíno vai ser fiel à resolução de um problema, não vai ficar gerando encantamento desnecessário. O líder genuíno nunca vai falar sobre medo, e muito menos sobre impotência das pessoas, porque quando eu falo que o pobre é impotente, isso gera uma disfunção dentro da cabeça dessa própria pessoa. O medo é uma porta aberta para que a escuridão entre. Ainda, quando a porta está aberta só uma frestinha, ela entra. O medo é a porta de entrada.

» *Assim como a gente tem a rainha como um exemplo de negativo, que exemplo a gente teria para positivo? Temos tantos exemplos negativos que a gente fica querendo um exemplo positivo nessa vida, não é? Você tem algum nome, ou se geralmente até para isso esses nomes não aparecem, que a outra energia é de não aparecer?*

O líder é aquele que você reconhece porque ele fala a sua língua.

» *Mas para o positivo, assim como para o negativo temos a rainha, a gente tem um exemplo reconhecido para o positivo?*

O único exemplo que temos são as pessoas que se tornam famosas pelos seus bem feitos.

» *Tipo Madre Tereza de Calcutá?*

» *Um Gandhi.*

Muitas pessoas ao longo da nossa história foram muito boas. Jesus era bem bacana.

» *Happé, nessa lógica, por exemplo, quando eu penso num bom líder hoje, eu penso no Papa Francisco.*

Ele é o chefe das forças escuras na 3-D. Eu recomendo que você acredite em você.

As pessoas que tiveram uma educação muito religiosa precisam desenvolver muito o entendimento, porque muitas famílias, por gerações e mais gerações, acreditaram na bondade sendo manifesta por essas instituições, e não é exatamente assim que acontece. Muitas pessoas podem sentir que parte da própria identidade fica maculada quando a instituição é maculada, mas aquele bem que você antes reconhecia na igreja é um bem que está no seu coração. Só existe uma igreja, um templo: o seu corpo. Seu corpo é um templo, e quando você entra no templo, você chega ao seu coração. O seu coração é um altar, e no altar do seu coração você se reúne com você mesmo, porque é aqui que a divindade reside em você. Ela não está naquele templo na esquina, ela está dentro de você, no coração. Quando todos começarem a descobrir isso por si próprios, estaremos livres. E é este o momento de descoberta que estamos vivendo.

Sabe, uma boa analogia é a forma como tratamos os nossos animais, as nossas galinhas, as vacas. A forma como tratamos essas formas de vida, que são nossas irmãs, é abominável. Essas criaturas passam por muito sofrimento. Não vou entrar em detalhes. O que nós fazemos aos animais, sendo uma raça diferente, é o que eles fazem com a gente, sendo uma raça diferente. Nós aprendemos a mimetizar a consciência negativa desses seres. Uma pessoa que desenvolveu sua humanidade não conseguiria mais comer um animal. Uma pessoa que tranquilamente come animais ainda não reconheceu sua própria divindade, e muito menos a divindade do animal. É difícil para uma pessoa assim aprender sobre o amor, porque ela está vibrando na densidade, não é sensível aos sentimentos.

O processo de iluminação se dá passo a passo. Pode ser que, de repente você perceba algo que antes não percebia, e você diz: "Nossa, não quero mais essa coisa para mim, essa escolha para mim". Isso também pode acontecer. Tudo depende da vontade do indivíduo e qual é o seu programa mental. O próprio indivíduo pode ter adquirido tanta densidade que é difícil se desfazer dela.

A gente não é assim tão melhor que os ETs que nos controlam. Quando nos damos conta disso, que uma parte deles também nos habita, podemos fazer a escolha de: "Vou cuidar de mim e vou harmonizar a mim mesmo; vou tentar, cada vez mais, ser a melhor versão para mim e para os outros". Assim como o medo é contagiante, o amor também é. O medo não se sustenta na risada, na clareza, na alegria. Quando você é capaz de expressar sua verdade com clareza e com alegria, não existe medo envolvido. O medo é incompatível com o conhecimento. Quando você sabe o que você sabe, o medo não está presente. E porque existe conhecimento sobre essa nossa dinâmica, somos constantemente bombardeados com notícias para ver se entramos em colapso. Notícias avassaladoras, terrorismo, tristeza, novas doenças, químicos, toxinas das quais ninguém vai escapar. Toda essa confusão mental e emocional é gerada para te afastar da luz da sua alma. A missão antes de a gente entrar aqui nessa encarnação era: "Eu aprenderei a me tornar livre do medo e a partir desta liberação eu criarei". As crianças da luz são criadoras. Nos tornamos imitadores do pior exemplo, mas somos criadores. Existe uma camada tão grossa de negatividade e ignorância que precisa ser removida, onde os horrores do passado estão projetados que, agora, eles começam a ser expostos para que todo mundo possa observar. Só depois de tudo o que é escuro for exposto, é que tudo o que um dia foi escuro pode estar curado. Se você escuta uma informação um pouco chocante, respire profundamente e solte, porque ela precisa ser mostrada para ser curada.

» *Você fala que a pessoa realmente divina não come um animal. Então, entendo que essa história é realmente muito longa, pois desde a época dos homens de Neandertal se caçam e se comem animais. Então, está errado desde lá de trás?*

Entrar na 4-D não significa que você precisa deixar de ser carnívoro. As vacas que estão aqui encarnadas, assim como as galinhas, elas entraram nesta vida para servir a humanidade com seu leite, ovos e sua carne. Existe uma ética dentro desse acordo que diz: você permite que eu cresça e floresça em mim mesmo antes que eu esteja pronto para me ofertar a você. Esse animal que pode conhecer a luz, um bom pasto e viver uma vida harmônica, é um animal que foi respeitado. A mesma coisa com as galinhas. Se você tem galinhas felizes que viveram vidas felizes, no final da vida dessa galinha, ela está disponível para ser comida e você vai comer uma carne que tem um registro de felicidade e não de miséria. As galinhas que você come hoje nem sabem qual é a cor da grama. Elas estão confinadas comendo ração e antibióticos por trinta dias. E aí, tchau. E se elas viverem trinta e dois dias, elas vão morrer de câncer. Por essa razão, não é mais recomendável comer esse tipo de carne. Não existem regras, não existe assim "o carnívoro será condenado". O que existe é a escolha. Na 4-D, vão ter pessoas que vão seguir escolhendo comer carne e está tudo bem. A questão é: como nos tratamos? Quanto nos respeitamos? É um assunto delicado.

» *Obrigada.*

» *Uma colocação e uma pergunta a respeito do que ela falou. Há um estudo recente de que pessoas que não comem carne diminuem muito o nível de agressividade, de raiva, uma vez que elas deixaram de comer agressividade, a raiva do boi que vive confinado, ou seja, ele não é um boi feliz.*

Os animais passam por um processo de tortura e trauma tão grande no processo de matança, que essa energia de medo entra no sistema sanguíneo e depois vai direto para o prato. Você come esse pacotinho de medo.

» *A minha pergunta é: se ao ler um texto dito sagrado, vou perguntar para minha alma se é luz ou se é manipulado, significa que eles foram escritos por extraterrestres do bem e extraterrestres do mal, é isso?*

Extraterrestres do bem não se envolvem em ficar gerando e deixando escrituras. Eles não criam regras, nem leis e nem escrevem livros, mas eles se comunicam através dos sentimentos, sendo que qualquer um pode captar esse sistema de inteligência através do coração. É por isso que o futuro é tornar-se mais sensível para aprender, se sintonizar nessa nova linguagem de comunicação.

» *Então, por exemplo, se estou lendo a Bíblia e tudo aquilo foi escrito por um extraterrestre ou por extraterrestres de orientação negativa, eu não preciso perguntar para a minha alma se tem luz ou se é manipulado, pois é tudo manipulado. É isso?*

A questão é que existem algumas manifestações da verdade disfarçadas em ilusão. Aí o jogo é se você sabe decifrar.

» *Entendi.*

Mas se você quer saber como nós deveríamos projetar a nós mesmos, a melhor forma é uma atitude destemida diante de todas as coisas. Uma pessoa destemida é uma pessoa que sabe que pode se ofertar ao outro, que pode ouvir o outro, que está sempre em sintonia com sua missão de alma, sendo observadora, buscando o seu espaço de silêncio e clareza, reaprendendo a sentir a parceria que já tem com Deus. Esse é o caminho.

» *Faço essa pergunta porque tenho uma educação cristã, porém, quando leio a Bíblia, vejo algumas coisas ali que "Uau!", e outras que, "Eca, o que é isso?"*

Por exemplo, vamos considerar a história de Abraão, do patriarca Abrão. Ele precisava sacrificar um filho para mostrar a devoção a Deus. Quando Deus vai pedir uma prova dessa para alguém? Coloque-se no lugar de Abraão. Um Deus amoroso jamais colocaria esse tipo de desafio. É assim que a mentira fica explícita para quem sabe ver.

A Bíblia é uma obra incrível mas, infelizmente, tem poluição ali, usada para distorcer a mente das pessoas. Mas a gente não precisa mais da Bíblia; o que a gente precisa é de conexão com o próprio coração. Isso nos torna livres.

Ainda hoje existem muitas pessoas que não querem conhecer a verdade, pois isso exige que elas tenham que reorganizar todas as suas crenças, e isso é muito desconfortável. Mas eu digo: é muito melhor conhecer a verdade, porque isso te torna espiritualmente disponível ou preparado para que você esteja liberto da masmorra da ignorância, porque estar nesse lugar da ignorância não te dá nenhuma pré-disposição para fazer algo diferente.

A forma de reconhecer o que é uma verdade espiritual é que ela gera um conforto instantâneo. Além disso, você consegue se conectar com essa verdade através do reconhecimento do sentimento que salta nesse momento. Essa é a sua luz. A religião tem pouco ou nada a ver com a sua ligação com Deus. Se a religião fez algo, ela substituiu o acesso direto à luz pelo dogma. Eles colocaram um dogma e uma autoridade entre Deus e o homem, pois eles dizem: "Você precisa temer a Deus". Esta informação é falsa. Nós precisamos ser amantes de Deus e não tementes a Deus. Precisamos ser capazes de expressar o bem em cada expressão que temos, porque Deus dentro de nós é luz e amor, pai e mãe, homem e mulher.

» *Quem é Deus?*

Nós representamos Deus. Existe um Deus supremo, um criador supremo que está além deste universo. Temos um criador neste universo, mas ele ainda está, de certa forma, sob a criação do criador supremo. O criador supremo criou todo o universo e todos esses universos são diferentes em vibração. Ele consegue estabelecer contato com todos os universos que criou, e não fica louco com todas essas vibrações diferentes. Isso é o que é um criador supremo. É além do nosso entendimento.

O Deus que está gerindo este universo, ou gestando esse universo, nos sustenta através dessa força vital que a gente inspira o tempo todo. Essa força vital contém toda informação que você pode imaginar. Se você tivesse mais confiança nessa força vital que você inspira, se você tivesse mais confiança nessa força vital ao invés de ir às escrituras, você teria plena convicção na força criadora que representa. Todos nós temos embutidos as mesmas capacidades que esse ser criador do universo, mas nós precisamos desenvolver nossas habilidades. Nós somos aprendizes de Deuses. Por essa razão, nos chamamos Crianças da Luz. E aí chega o momento de formação e nós estamos passando pela formação agora. Essa é a travessia da graduação, da maturidade como crianças da luz. Só que na 4-D a gente se aprimora mais. O momento agora é de sermos capazes de discernir na calma, e nos sentirmos felizes ou satisfeitos de que finalmente a escuridão está exposta, porque tudo isso está nos seus últimos dias.

» *Mas Ele é uma energia, Deus? Ele é uma energia, ele é uma parcela de cada um? O que é esse Deus desse universo?*
É amor. Não é nem homem e nem mulher, é as duas coisas. Nós estamos nos desenvolvendo para ampliar nossa consciência ao nível desse ser criador. E Deus, como um líder, nos estimula para que a gente alcance esse patamar. É o Deus em você que é o líder, e você precisa ajustar a sua mente o tempo todo para essa jornada que está sendo comandada por outra força.

O conceito de armagedon, que estava preocupado todo o mundo, é um pedaço que foi incluído na Bíblia e que influencia a vida de todos. Os comandantes das forças da escuridão não estão habitando fisicamente este planeta, mas eles se manifestam em humanos que são viciados em controle e que estão dominados pelo medo. É assim que a escuridão se manifesta, através de indivíduos fracos, ainda que sejam líderes. A escuridão ainda não desistiu de controlar aqui. Ainda está buscando a terra fértil para gerar emoções negativas. Vocês vão ver muitas manifestações ao redor do planeta. Eles ainda estão firmes. Quando você se torna capaz de enxergar a dinâmica, o padrão, aí você vê a coisa chegando e você fala: "Ah, já sei o que é isso". Aí você coloca foco no seu mundo e a vida que você deseja criar e viver.

São muito claras as formas como as forças da escuridão se manifestam: através da vingança, da inveja, da competição, da injustiça. Só é possível mudar tudo isso quando a gente enxerga tudo isso. A maioria das pessoas são soldados das forças da escuridão. Eles fazem exatamente o que a escuridão manda. As armas da escuridão são tudo o que tem a ver com negatividade. Aqueles que são mais receptivos ao amor nos seus corações, vão demonstrar uma outra face e não dão mais tanta atenção a essas iscas que vão sendo jogadas, porque toda vez que você morde a isca, saiba, você deu força para o opositor.

» *Vou fazer uma pergunta, mas vou tentar elaborar porque, como ele falou agora, a gente aprende a falar e não ter medo. A gente falou muito aqui sobre essas pessoas que são referências e que, no fim, acreditamos muito nelas. O que você está falando aqui eu acredito muito, e acho até que você sabe responder o que eu vou te perguntar, talvez já tenha recebido essa pergunta outras vezes, alguém já pode ter feito essa pergunta mas, baseado no que falamos um pouco aqui, do quanto acreditamos, enfim, também como resposta eu vou te fazer a mesma pergunta: qual a sua resposta para quem te pergunta por que acreditar em você?*

Porque se você não consegue ancorar esse seu lugar sagrado, você ainda não se elevou da consciência animal. Viver na 3-D é se relembrar de como usar o seu poder. Quando você descobre o seu poder junto à sua força espiritual, você percebe que ele é conhecimento e amor, você começa a acreditar porque ele se confirma através das experiências que chegam até você. É assim, acredite em você. Se você acredita em outro, você segue o dele e não vai acreditar em você. É uma jornada para todos nós. Uma vez que você reconhece que você é esse amor, tem esse amor e carrega esse amor, o passo da caminhada tem outra qualidade.

ROBERT HAPPÉ

3

PREPARAÇÃO PARA O ALINHAMENTO

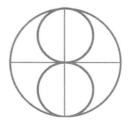

Desejo e intenção são as chaves mais importantes. Essas são as chaves da transformação. Você precisa desejar caminhar para se movimentar. Se a intenção está ancorada no coração, você está livre e o seu coração vai te orientar a cada situação. Você pode confiar nisso. Até você atingir esse caminho de confiança no coração, essa é uma prática diária a ser feita.

É a unidade de pensamento que vai te elevar para fora do caos. Se você estiver em unidade com outros iguais a você, isso vai te elevar para ficar acima dos joguinhos que as pessoas jogam e te trazer para um novo padrão vibracional. Você atravessa para um estágio vibracional ou uma frequência onde as polaridades já se integraram. A gente também pode chamar essa frequência superior de 4-D, mas eu prefiro chamar de uma frequência que está vibrando numa delicadeza mais refinada. Eu gostaria de usar a palavra evolução.

Evolução significa exercitar suas escolhas de livre arbítrio e ser capaz de se elevar na consciência acima da negatividade, elevar-se acima da destruição que a força negativa convida. E a mesma lei se aplica a almas que habitam outros sistemas planetários. O universo permite que todas as almas possam ascender ao seu lugar desejado, especialmente pelo sofrimento que está sendo provocado por aqueles que não são humanos. Todas as guerras, o envenenamento, todo o sofrimento é produzido por seres de outros sistemas planetários e muitos humanos têm feito à escolha de trabalhar para eles. De fato, 95% da população no planeta Terra trabalha para as forças escuras, porque quando você se carrega na vibração da raiva, você está destroçando a sua face de divindade. Ao se manifestar dessa forma, você está mostrando que é controlado por uma força que não é você. É por isso que aponto especificamente para que fique claro o que significa elevar-se, ascender.

» *Esses 90% das pessoas que estão ligados à negatividade têm consciência disso?*

Não.

» *Nenhuma?*

Nenhuma. Poucos sabem com discernimento o que fazem. Poucos. Por esse motivo, nós que estudamos essas coisas também temos responsabilidade de ir junto com você. Você, na sua política, no seu entendimento. Existem pessoas que vão apreciar essa situação de polaridade. Esse seria um ato de cooperação, que é uma atitude muito elevada.

» *Robert, você disse que nossa alma atrai as pessoas que a gente precisa.*

Sim, atrai.

» *E a alma das pessoas também nos atrai?*

Faz a mesma coisa. Elas se atraem, uma à outra.

» *É sempre uma via de mão dupla ou existem momentos em que você é atraído mais para ajudar do que para aprender?*

É importante se lembrar de que a alma não é do mundo da 3-D, é do reino espiritual. A alma está conectada com o seu ser multidimensional. Cada um de nós é um ser multidimensional, diga-se de passagem, dividido em doze aspectos, e você que está sentado aqui habita um mundo da 3-D. Você está acompanhando o processo de ascensão e aprendendo enquanto caminha. Mas existem onze aspectos em você que habitam outras dimensões e estão vivendo suas próprias experiências. Essa experiência pode estar acontecendo na 11, na 12, na 1, na 2, não importa. Quando você sai da 3-D e atravessa para a 4-D na consciência, porque você não mais dá atenção para a negatividade, você está reunido suas outras onze partes. Nesse estado, nessa função, você tem acesso a um banco de dados gigantesco. A resposta à sua pergunta sobre como fazemos esse processo de atração é a seguinte: nossas almas se comunicam nesses doze reinos, e a própria estratégia já foi desenhada antes da experiência. E você, enquanto alma, sabe disso. Se você tivesse um contato mais íntimo com o coração, isso estaria igualmente claro para você, por isso que é tão rica a reconexão com o coração, que acessa o espírito, onde o ego aprende a cantar uma nova canção, numa vibração mais suave, para que a intuição possa ressoar e caminhar junto.

Todos nós estamos entrando em conexão com um reino superior o que causa, às vezes, um pouco de choque, abala. O choque vem da realidade que é separar-se de todos aqueles que se tornam incapazes de amar. Essa separação já acontece num ritmo acelerado e todos nós estamos sendo testados na nossa habilidade, ou inabilidade, de cooperar entre nós. Teste a si mesmo.

Como está sua dança com as pessoas que são parte da sua vida? Ou será que você tem algumas questões com algumas pessoas que você simplesmente escolhe não ver mais? Têm algumas pessoas na sua vida que estão em tamanho desequilíbrio que você prefere não estar mais em contato com elas. Você segue adiante. Você pode entrar em meditação, você visualiza essas pessoas no seu jardim, você agradece pelas experiências que elas te trouxeram, você deseja o melhor para essa pessoa e você segue. Se a sua intenção, ao fazer esse contato na meditação é legítimo, você de fato faz um desenlace kármico com essa pessoa. Uma vez feito isto, você já ganha uma nova habilidade para ir se liberando. Você pode acessar mais uma qualidade do seu coração, que é a autocompaixão por ter entrado nesse drama.

E por que razão sua alma atraiu esse drama? Porque você poderia aprender com ele. Só isso. Uma vez que você extraiu o aprendizado da experiência, ele se dissolve. Isso é evolução, ter essa consciência. Você pode praticar diariamente o desenlace aos apegos que eram doentios e que você ainda mantinha. Erradique a culpa e coloque no seu lugar a compaixão. Perdoe-se pelo seu erro porque, no momento em que você aprendeu, o erro virou positivo. Isso é criação. Qualquer um de nós é capaz, basta que sejamos honestos.

A gente não é tão elevado assim, senão a gente não estaria aqui, mas a gente está descobrindo nossa elevação, e cada descoberta deve ser comemorada. Está todo mundo aqui no mesmo barco. Não pense que você sabe mais, porque isso seria mais uma ilusão. Se você realmente soubesse mais e melhor, você seria um grande servidor do amor para todo mundo. E todos nós podemos ser isto, basta que a gente faça essa livre escolha: sermos livres do medo, ser livre desse pensamento grudento de que não sou bom o suficiente. Muitas pessoas receberam essa projeção enquanto cresciam de que: "Ah, poderia ter sido melhor. Ah, olha o que você fez".

Quando o seu desejo muda de lugar e uma reestruturação da sua mente acontece abrindo novas possibilidades, nesse momento você começa a ser um apoiador ativo de um novo nós. Essa qualidade de consciência está brotando coletivamente, as pessoas começam a reconhecer que existe um nós. É um novo padrão de consciência quando você começa a pensar em nós e não mais apenas em eu, aí você percebe que cada pecinha, cada pessoinha que entra na sua vida é parte deste nós. Quando você consegue enxergar dessa forma, você já está em outro patamar. Para que a gente possa se tornar o nosso eu mais autêntico e verdadeiro, chega um momento em que cada um de nós deixará de ter o desejo de precisar se conectar com pessoas. Vai chegar um momento em que você deseja a solitude, porque você vai querer esse espaço de recolhimento sagrado para decifrar a si mesmo, para ir tornando-se gradualmente mais livre dos pensamentos desagradáveis do passado. É por isso que é muito importante este espaço de recolhimento, ainda que sejam só algumas horas antes de deitar-se, estar com você e sentir esse amor que você é. Aproveite essa conexão para libertar-se de vibrações negativas que simplesmente não são você. Isto é cuidar-se. Quando você observa algumas vibrações na sua mente, e você já não quer mais dar a sua atenção para isso, você solta. Respire profundamente e acesse de novo a vibração na frequência do bem e que é sua. Você permite que essa radiância interna emane a partir de você.

Para que você possa viver a experiência consciente de você mesmo habitando o seu corpo, o seu eu real, é necessário um exercício diário e gradual de liberação.

Às vezes pode ser irritante estar na presença de outras pessoas. Se você está se sentindo irritado, é tempo de uma mudança de atitude. Agora você já sabe, você tem um termômetro aí que apareceu. Você pode experimentar outras experiências. Energeticamente falando, nós já estamos na vibração da 4-D e ganhamos uma janela de adaptação a essa frequência, sendo que essa janela agora nos diz: "É tempo de reunir o que estava separado".

Este novo mundo para onde estamos passando é um mundo onde todos se respeitam mutuamente. Cada um é respeitado pelo que carrega e pelo que compartilha, e pela forma como entrega em serviço o conhecimento que cada ser carrega.

Por favor, lembrem-se de que nada pode vir para a existência se não foi antes pensado. Imaginem uma coisa: se você deixar de dar tempo e atenção para a negatividade, a negatividade fica impedida de existir, simplesmente porque você deixou de ser um agente criador dela.

» *Você falou que é possível trabalhar alguma questão com alguém que você não queira confrontar diretamente através da meditação? É isso que você disse?*

Energeticamente, você é capaz de ter interferência sobre a harmonia. Ainda que na mente da outra pessoa ela possa não ter isso claro, no coração isso já atravessou, e a alma já recebeu a informação do seu desejo. Você pode curar todas as questões de relacionamento na meditação. Você convida essas pessoas para o seu jardim e faz o que você quer fazer. Se você deseja criar a paz, você cria essa cena no seu jardim. O jogo não é com a outra pessoa, a outra pessoa não tem a menor importância; o jogo é com a sua alma, e essa pessoa só representa algo que a sua alma quer te mostrar.

Quando você está lutando contra uma série de coisas com a qual sua alma não concorda, você gera uma guerra interna entre você e a sua alma. E quando você está remando contra os desígnios da sua alma, ela dá uma cortadinha nos seus pés para que você retroceda. Quando você entra no seu jardim, você visualiza uma situação que te gerou dificuldade e você, ali, vai restaurando a harmonia. Sua alma pode visualizar também o que você deseja criar. Quando sua alma realmente captura sua intenção de cura e restauração, ela vai atrair uma situação onde você possa colocar em prática esse seu plano. Essa situação chega quando for o tempo dessa situação chegar. Mas, agora, você está livre, porque você já liberou alguns laços na meditação. Você não precisa mais atrair a dificuldade.

Nada pode se manifestar se você não tiver antes pensado. Se você tiver apego à forma como você pensava no passado, cheio de críticas e julgamentos, você cria esse mundo para que você possa vivenciá-lo, porque assim como você pensou, você criou. Aqueles que se alinham com o coração e se conduzem a partir dele, estes participam no processo de criação de um novo mundo que também é altamente desafiado por experiências. É por isso que tantos de nós entraram na fila da encarnação nesta época para poder vivenciar essas grandes travessias.

Na medida em que a gente está se erguendo da 3-D e entrando na 4-D, têm muitos registros do nosso inconsciente emergindo para a superfície. Sendo assim, muitas situações que a gente varreu para de baixo do tapete no passado agora retornam. E retornam diariamente. Quando alguma coisa volta para que você a enxergue, você faz "OBA". Observe o que se apresentou; balanceie, encontre os pontos de equilíbrio; e aceite. Essa disponibilidade para o OBA te liberta.

» *Robert, onde o destino se encaixa nisso tudo?*
O destino vai ser tecido com as suas escolhas. Suas escolhas estão baseadas no livre arbítrio. Onde quer que você esteja, é exatamente aonde você criou para estar. Se você não gosta de onde você está, você pode criar diferente.

» *Então, não existe predestinamento?*
Não, isso é uma bobagem. Uma pessoa que é ignorante de si, você mais ou menos consegue prever para onde ela está indo, e ela seguirá naquela direção, mas a gente não faz a menor ideia do que pode acontecer. Por outro lado, um raio pode cair de repente e essa pessoa se ilumina e faz uma mudança vertiginosa. Mas se você quer saber a resposta sobre o destino, as experiências que nós, pessoas, atraímos, demonstram para essas pessoas aonde elas estão no caminho da consciência e demonstram também aonde está a demanda de desenvolvimento. Essa experiência demonstra como elas podem se enxergar dentro de um plano maior. É para isso que temos relacionamentos.

Temos relacionamentos para descobrir quem somos e quem não somos. Isso pode ser profundamente doloroso do ponto de vista das emoções, o próprio processo de tornar-se consciente da sua própria densidade.

Normalmente, a negatividade e as vibrações mais pesadas, não apenas te circundam como te confrontam o tempo todo. À medida que elas te confrontam, elas encontram num espelho interno as próprias vibrações negativas que ali se atiçam. Quando alguém provoca sua emocionalidade e você reage negativamente, então saiba que essa partezinha tua ainda está pedindo equilíbrio. Você ainda não é mestra desta energia. Agora você pode se tornar feliz por ver aquilo que você tem condição de corrigir. Aí você pode escolher: "Da próxima vez, vou fazer diferente". Você pode se sentir satisfeito que agora você viu, porque se você vê, você tem condição de aprender. Se você for capaz de seguir esse processo, este é um sinal de que agora você é capaz de ser honesto consigo próprio.

A honestidade é uma das leis de entrada para a 4-D e 5-D. Não dá mais para ter segredos. Onde estiver é com você. Não significa que você precisa sair por aí contando: "Olha, todos os meus segredos são esses daqui". Mas é com você. Isso dá calor? É muito bom que venha uma sensação de calor, porque todos nós compartilhamos essa fornalha, então a gente pode honestamente olhar para ela e isso é muito liberador. O jogo aqui, ou a beleza aqui, é você tomar consciência de uma energia medrosa que te habitava, só que você estava cego para isso. Mas agora você a vê. É por isso que a sua alma atrai essa situação, para que você possa ter essa ruptura emocional.

Se você tiver habilidade de observar a própria situação e a sua reação a ela, você vai perceber que você também será capaz de fazer correções. Foi justamente para isso que a situação aconteceu. A ciência do equilíbrio é a capacidade de ver e aceitar o que acontece. E a partir desta aceitação, poder iluminar a situação que representa o seu entendimento sobre a vida, e também aceitar a si mesmo e fazer o que é certo para você. É extremamente importante. Significa que você se respeita, você pode cuidar de si.

À medida que as energias da luz se aceleram a cada momento, essa luz está integrando as polaridades da experiência. Ela não pode ser interpelada. Todos estão convidados a participar nesta grande onda de luz, nessa cura coletiva. Mas essa onda também pode passar totalmente despercebida. O universo respeita profundamente o livre arbítrio de cada um. Suas escolhas ficam reveladas nas suas atitudes.

À medida que essas frequências mais elevadas começam a se revelar, o acesso à sua própria alma vai ficando mais nítido e você começa a ficar mais íntimo do seu próprio conhecimento de alma, sendo que o seu ser verdadeiro e autêntico começa a entrar em manifestação e você começa a participar do processo de criação com muito mais alegria, a cada dia substituindo as ilusões por realidade, por um entendimento clareado pelo amor. Essa é uma atitude muito mais respeitosa por tudo. É um processo belo, gracioso e divino e que lhe foi desenhado para favorecer a criação de uma nova realidade, desenhando a realidade com conforto e suavidade.

A recomendação é seguir o fluxo; o que quer que esteja acontecendo, permita-se caminhar com isso. É um processo, um passo de cada vez até encontrar o equilíbrio. Quando mais de uma pessoa começa a compartilhar a mesma visão, mais pessoas se somam a esse processo até que isso acaba gerando uma nova norma. O jogo é: reconheça quem você é, porque pode ter certeza de que existem muitos por aí daquilo que você acha que é.

» *Happé, essa questão de obedecer ao fluxo, aceitar o fluxo, não importa muito, você faria o mesmo numa situação de injustiça? Porque a injustiça normalmente é aquela coisa que você deve agir para evitar, para botar um ponto final ali, para impedir que continue. A minha dificuldade de aceitar essa lógica do fluxo é que você tem que aceitar algo ruim para depois se resolver com aquilo, mas a nossa sociedade está cercada de coisas que devem ser impedidas de acontecer.*

Não é muito fácil estar em harmonia ou se sentir em harmonia com algo que é injusto, mas no mundo da 3-D quase tudo é injusto. O sistema de justiça criado pelo homem, que não está em sintonia com a lei universal, também é injusto. Os juízes não são portadores de sabedoria. Eles julgam com a cabeça. Mas um juiz que esteja orientado de uma maneira superior vai avaliar a situação e vai observar como pode orientar aquele indivíduo para que ele faça escolhas melhores. Esse juiz não julga. Além disso, esse juiz superior pode ser que seja justamente você, porque você entende que muitas pessoas simplesmente não percebem o que estão fazendo.

Se você esteve envolvida numa situação injusta, pode ser que naquele momento você não tinha o discernimento que hoje você tem, e que agora você experiencia a consequência disso. É preciso uma atenção redobrada aqui, para que você seja capaz de se expressar sem gerar mais confusão. Se você entrar na contenda da justiça dos homens, você vai se pré-ordenar. Tem um tipo específico de gente no planeta, os chamados advogados. Eles têm a habilidade de romper com qualquer lei estabelecida. Isso significa que o próprio sistema de justiça é falho. É só um exemplo do tipo de desentendimento que existe na 3-D. Pode ser muito doloroso quando você se torna consciente com esse tipo de experiência mas, ao mesmo tempo, é um grande campo de aprendizagem. E por conta do conhecimento que já carrega, você pode compartilhar aquilo que persegue na coletividade. E ainda que precise aceitar tudo aquilo que acontece no curso do rio da vida, você também está incluída nessa aceitação. Faça o que é correto para você. Se você vê um obstáculo no curso do rio, tome uma decisão de contornar o obstáculo. O rio tem algumas habilidades extraordinárias. Ele pode simplesmente aumentar seu fluxo de água diante de um obstáculo e passar por cima dele. É um ensinamento do rio. Somos capazes de fazer o mesmo. A gente não precisa entrar em choque; podemos contornar e também podemos passar por cima. Essa é uma forma de manifestar ideias criativas. É um belo processo tudo isso, pois você começa a se dar conta de habilidades que tem e que são úteis para lidar com todo tipo de desafio.

À medida que as coisas progridem, nós vamos ter encontros prósperos onde podemos nos apoiar e trabalhar juntos. Vamos começar a ver comunidades co-criativas aparecendo em todas as partes. As pessoas começam a se libertar da necessidade de governos, simplesmente porque elas passam a governar a si mesmas; você não precisa de um governo para se tornar feliz. Você é muito mais feliz sem governo. Cada comunidade é capaz de cuidar de si compartilhando suas habilidades com as outras comunidades. É assim que o novo mundo se formará. É preciso aprender a utilizar as energias do coração para que você possa ser mais focado.

É preciso também ganhar maestria sobre a arte de estar em dois mundos ao mesmo tempo. Isso só ganha uma graça, um interesse genuíno, quando você entende o que significa. Nós ainda estamos com uma perna na 3-D e uma perna na 4-D. Tendo uma perna em cada lado significa que posso reagir de uma forma mais 3-D e também posso reagir de uma forma mais integradora. E você começa, nessa percepção de como reagiu, a perceber as imensas oportunidades de criação que existem. Agora é uma questão de sintonização com as energias do coração.

» *Você faz vários seminários, a maior parte é sempre um público feminino e não masculino?*

Esse fenômeno que você observa é porque o feminino naturalmente é mais conectado ao coração e o masculino mais conectado à mente. Agora que a nossa Mãe Terra entrou nas vibrações da 4-D, existe também, junto, a ascensão dessa força feminina, o que contribui para que muitos homens comecem a acessar essas forças femininas em si. Estaremos cada dia mais diante de um espetáculo magnífico, mas seria muito importante que a mulher entendesse qual é o papel dela nesse processo de criação ou recriação. O papel da mulher é guiar o homem de volta para casa. Os homens estiveram trabalhando na rua no mundo, não estiveram trabalhando aqui dentro (coração). Ele só pode reconhecer a sua própria orientação através da mulher em quem ele confia. Quando essa mulher está presa nas suas próprias confusões da 3-D, ela caminha desorientada e é incapaz de orientar também. Seria um papel fundamental da mulher ensinar ao homem o que é amor. Mas ela nunca teve a oportunidade disso, porque a elite, muito inteligente, já sabia, lá atrás, sobre essa força da mulher de se conectar com o amor. Eles rapidamente fizeram um ajuste na era patriarcal e falaram: "Espera aí. Mulher, segunda categoria. O homem vai em cima". Com esse falso ensinamento, e todo mundo aderindo a ele, nós entramos numa espiral de destruição.

Agora nos deparamos com uma situação onde muitas mulheres se sentem rejeitadas, desqualificadas pelo homem. Elas querem vingança, atacam os homens. Isso está totalmente em desequilíbrio. Foi a elite que desenhou esse plano de destruição, não o homem. Basta que a gente olhe para a história. Eles usaram os homens como soldados para brigar nas guerras e eles usaram as mulheres como serviçais de todas essas pessoas feridas. Durante este período de terceira dimensão, as mulheres realizaram um grande trabalho. Mas agora que elas estão começando a descobrir o seu próprio poder, é muito importante que cada mulher seja capaz de acessar a qualidade da compaixão, e com isso perdoar os homens por todas as coisas terríveis que foram feitas contra as mulheres. Eles tampouco sabiam o que estavam fazendo. Chegou a hora de sairmos juntos dessa masmorra. Além do mais, as mulheres têm a habilidade de compartilhar isso de forma que todos se sintam investigados e inspirados.

Para aquelas mulheres que se sentem fortemente feministas, é preciso que entendam que existe dentro delas uma rejeição da sua parcela masculina. Não é saudável que você rejeite uma parte sua. As consequências podem ser devastadoras. Estamos aqui para redescobrir o que é o verdadeiro amor. Todos nós somos masculino e feminino ao mesmo tempo. O seu corpo não é importante. Ambos os aspectos precisam do seu amor igualmente. Eu não sei como eu cheguei nesse viés, mas a pergunta era porque existem mais mulheres aqui.

A telepatia é algo que precisamos desenvolver. Com ela você entende instantaneamente o que a outra pessoa está tentando comunicar.

» *Não entendi por que as mulheres feministas estão se afastando do seu próprio masculino se o feminismo só é para ter direitos iguais entre homens e mulheres.*

Existe um princípio de desconfiança de que o homem seria capaz de fazer a coisa certa. Isso acontece porque, de fato, na história, os homens deixaram de fazer a coisa certa. Muitas pessoas têm consciência disso, mas existe uma atitude que representa essa desconfiança na habilidade do homem. As mulheres têm a habilidade de acessar a ciência mais sofisticada assim (estalo de dedos), e elas podem usar essa ciência para criar harmonia para todo mundo. Um homem que tenha se conectado com o seu potencial feminino pode fazer o mesmo.

Muitas mulheres entram num corpo de homem. Com esse corpo, elas ganham mais vigor para realizar coisas no mundo externo, assim como têm muitos homens que entram pela primeira vez agora num corpo feminino, para que eles também possam fazer agora a reconexão com o trabalho interior e expressar isso com clareza no mundo. Mas ainda existe muita confusão sobre tudo isso; pessoas que não reconhecem o próprio corpo, o próprio gênero e o que esse gênero representa.

Mas Deus nunca se engana: se você tem um corpo de mulher ou um corpo de homem é este corpo que a alma quis ocupar para vivenciar as lições que a ele correspondem. A gente precisa compartilhar informações com aqueles que acham que estão num corpo errado para explicar o que significa aquele corpo. É muito comum que essas pessoas, desconfortáveis no próprio corpo, sejam altamente evoluídas. Mas quando não existe informação e educação a respeito, pode existir muito conflito interno. Espero que eu esteja respondendo à sua pergunta.

» *Robert, as mulheres estão buscando muito cirurgias plásticas. Isso é por ego, por uma carência no feminino delas? Você vê uma procura muito grande por cirurgias plásticas nas mulheres. É uma competitividade? O que você acha sobre isso?*

As mulheres são muito atentas à estética do seu corpo e como elas se apresentam ao mundo. Como o corpo é seu, você tem plenos direitos de interferir nele como você escolher, desde que você não fira a si mesma. Poucas pessoas têm consciência do que fere. É tudo uma questão de escolha e não existe nenhum julgamento a respeito dessas escolhas. Algumas pessoas fazem coisas que geram danos. Esses implantes nem sempre são saudáveis. Eu não tenho muita certeza de como os implantes vão funcionar na ascensão. Acho que a gente não precisa se preocupar muito com isso [risos]. Muitos de nós vamos perder o nosso corpo na ascensão e a gente segue no nosso corpo de luz. Na 4-D, você pode dar forma ao seu corpo muito rapidamente e aí você pode criar um corpo saudável do jeito que você quiser. Se você quer mudar o seu corpo, isso pode ser feito na meditação. Você de novo entra no jardim e visualiza a si mesmo da forma como você gostaria de parecer. A sua alma começa a perceber como você gostaria de parecer e começa a te ajudar, aí você diz a si mesmo: "Eu estou num processo de ficar exatamente assim". Você começa a desenhar a sua própria forma e não depende mais do processo de desaceleração. O corpo humano pode viver até mil anos, mas por conta das energias de medo, a morte é muito precoce. Quando você se torna destemido, você permanece jovem. Vocês vão começar a observar muitas pessoas que rejuvenescem e retornam à forma na qual se sentem satisfeitas, porque nós somos criadores. Mas há um ponto de atenção nesse processo, que é tornar-se destemido e livre de dúvida, ser capaz de enxergar a si mesmo como uma criança da luz e um criador em formação.

» *Por favor, foi dito que não existe a pre-destinação. Não sei se entendi errado ou estou misturando os conceitos. Ao mesmo tempo, foi bastante dito até sobre a questão do masculino no corpo feminino, o feminino no corpo masculino, "que a alma sabe do que precisa para vivenciar as missões necessárias". E também no outro período a gente falou sobre o contrato de alma: "no período pré-encarnatório, a criança escolhe as lições que quer aprender. Então, ela escolhe os pais que podem lhe fornecer a genética necessária para cumprir o seu propósito". Aí, tudo bem, quando ela vem para cá, ela esquece. Então, eu não estou voltando para aprender as lições que não aprendi anteriormente? Isso não pressupõe pre-destinação? Minha alma reconhece a jornada que ela precisa fazer para aprender as lições que veio aprender aqui?*

A questão é que, ao longo do contrato de alma, as experiências que vão sendo atraídas podem mudar o rumo do seu destino. A peça livre para agir é a sua escolha, o nível a partir do qual você faz a escolha. Quando você chega àquele estágio onde faz uma escolha a partir de uma premissa de respeito e de amizade, isso já significa um movimento diferente do que seria o seu destino. É indecifrável como uma pessoa vai fazer o uso do seu livre arbítrio. Algumas pessoas nunca mudam, sempre repetem os mesmos erros. E elas adotam o hábito de serem fechadas ao aprendizado. Dá até para prever que uma pessoa que sempre repete a si mesma vai entrar em consequências desastrosas. Mesmo assim, você ainda não tem como saber. Pode ser que um dia caia uma bigorna na cabeça dessa pessoa e a atitude dela vai ser completamente nova diante da experiência. É por isso que o sábio jamais faz previsão. Ele ou ela sabe que tudo pode mudar. E agora está tudo mudando para melhor.

No caminho de tornarmos tudo melhor, a gente ainda vai precisar limpar aquilo que não está tão bem. É por isso que eu recomendo que você desenvolva sua habilidade de telepaticamente sentir o outro. Sinta o que essa pessoa precisa e aí sirva. Isso vai abrir o outro. Isso começa a desenvolver um vínculo diferenciado, pois agora que essa pessoa se sente bem tratada, respeitada, é natural que ela queira retribuir esse bom trabalho. Todos aqueles que começam a acelerar a vibração da sua consciência se tornam mais sensitivos. Eles são mais atentos aos sentimentos e podem servir o outro nesse patamar. E, assim fazendo, eles retornam à sua verdadeira natureza. Essas habilidades seguem o desejo para você se tornar um criador. Quando você ganha a consciência de que isso precisa mudar, isso tem força, esse desejo de mudança tem força, porque junto com ele emerge uma visão mais clara da sua identidade. Você percebe que é uma pessoa divertida, entusiasmada. Você é uma pessoa plena. À medida em que progredimos no caminho, descobrimos que poder é conhecimento e conhecimento é a ciência da vida e do amor. Nós viemos para este mundo para aprender isso. Vai chegar um momento em que a gente vai descobrir que não será mais necessário fabricar dinheiro. Nós seremos capazes de criar sem precisar fabricar.

É claro que isso pressupõe que sejamos capazes de co-criar uns com os outros. Essa possibilidade de intertransferência de talentos é o que gera essa prosperidade em grupo. A gente vai ter que reaprender a confiar uns nos outros. Isso já acontece em pequenas parcelas por aí e, como sempre, sempre haverá exemplos. Tem sempre quatro corredores que mostram como é que se faz. Quem são esses quatro corredores? São as crianças da luz despertando. Elas despertam para o fato de que criar com amor é muito mais sustentável do que criar com dor. Todos aqueles que despertam, começam a acessar e curar as situações com o seu próprio entendimento expandido. Todos temos um passado. Muitos de nós voltamos para a 3-D para poder saltar, muitos de nós já somos de dimensões muito superiores, mas a gente tinha umas questõezinhas, um servicinho inacabado, aí a gente falou: "Eu vou porque quero deixar essa pendência limpa". Isso significa viver e experienciar suas próprias ilusões.

É por isso que, ao entrar, você precisou caçar pais que tivessem o mesmo naipe de ilusão que você quer curar.

» *Ai, senhor [risos].*

É isso que nós todos estamos fazendo aqui. À medida que vivenciamos nossas ilusões, isso ajuda a reequilibrar as nossas energias para atingir a completude. É só isso. Uma vez que você reequilibrou essa dívida com as ilusões, você está pronto para voltar para casa. Quando você for confrontado com uma ilusão tua, diga: "Oba, agora eu vou me libertar". Abrace. O seu abraço na ilusão cura a necessidade de atrair de novo. Fácil, não? É fácil de entender. É preciso praticar. Se você não praticar, você não vai aprender. É maravilhoso que essas coisas cheguem para você. Você vai saber o seu poder. Use esse poder. Abra esse coração e tudo vai muito rápido.

» *Quando você fala de livre arbítrio, é quando você não está sendo levado pela programação, é quando você está escolhendo com o seu coração. Um em cada um bilhão de pessoas consegue fazer isso, não é?*

Quando a gente já tem esse discernimento de que o arbítrio de fato é livre, é porque a gente já está pronto para entender o que é uma coisa e o que é outra. A maioria ignora o que é livre arbítrio. Eles acham que as ações que eles tomam já são livre arbítrio.

» *Ah, é. Beber na balada e tudo em nome do livre arbítrio!*

» *A lua tem alguma coisa a ver com o processo reencarnatório de não deixar a gente evoluir aqui como pessoa e deixar sempre a gente num padrão vibratório da 3-D e não deixar a gente passar para as vibrações mais altas? Ela tem algo a ver com o processo reencarnatório?*

A lua é um satélite artificial. Ele foi posicionado aqui na órbita da Terra para poder ter uma influência magnética sobre o clima e sobre as emoções humanas. Por conta da lua, existem as quatro estações, é muito mais nítido isso no Hemisfério Norte, mas é uma energia de manipulação. Como ela rege aos corpos de água com sua atração eletromagnética, ela tem uma grande influência nas águas femininas, nas emoções. Mas quando você entende o que significam essas quatro estações e aprende a maestria de dançar através delas, você pode usar esta oscilação como uma ferramenta. Por exemplo, na primavera você pode celebrar a abertura para novas ideias. Mas antes da primavera é preciso a reclusão do inverno. O inverno pode ritualizar o voltar-se para si mesmo e fazer uma faxina do que não serve mais. Assim como a árvore solta todas as suas folhas no outono, assim podemos fazer nós mesmos. Se a gente for capaz de fazer esse processo regular de liberação dos nossos pensamentos inúteis, estaríamos mais livres e disponíveis na primavera. Nós podemos transitar de uma maneira mais tranquila por essas forças que já estão ativas. A lua não é para ser celebrada, não é para a gente ter uma devoção à lua. Ela nada mais é do que um pedaço de destroço habitada por alienígenas. Muitas pessoas olham para a lua como se ela fosse a mãe e ela não é. É a lua, não é a mãe.

A mãe é o planeta Terra e se tem alguém que merece a nossa honra profunda é a nossa Mãe. Enquanto a gente está ali saudando a lua, a gente deveria estar saudando a grande Mãe. Mais uma vez, ensinamento falso que penetrou na nossa educação.

» *Na 4-D não teremos mais a lua, então?*

A lua vai desaparecer em 4-D. Ao mesmo tempo surgirá o segundo sol.

» *E quanto às celebrações e rituais de décadas atrás?*

É tudo distração.

» *Na quarta dimensão a gente vai estar nesse mesmo planeta e vai estar vendo coisas diferentes, é isso?*

Sim.

» *Pode falar, então, contar o que é a 4-D, o que caracteriza a 4-D?*

Todos em frequências elevadas sabem que poder é igual a amor e todo mundo respeita um ao outro. É uma experiência que a gente ainda não conhece nesse planeta. Onde quer que você vá, você estará em casa. Aonde quer que você vá, terá uma cama disponível para dormir. Aonde quer que você vá, você terá comida disponível e grátis.

» *Ainda vai ser necessário comer?*

Não será mais necessário comer para viver, mas é uma alegria [risos]. Aqueles que estão mais avançados na consciência são os melhores cozinheiros e aprimoram cada vez mais as receitas. Quem sabe a gente ganhe um estômago e intestinos para poder digerir toda essa comida maravilhosa.

» *Robert, e essas pessoas que vão para a lua, que fazem essas viagens, querem ir para Marte?*

Essas informações vêm através da mídia e elas são todas controladas pela elite. A elite daqui está lutando guerras em Marte. Mais ou menos 35 mil humanos foram colocados em Marte para poder lutar essa guerra da elite. Eles inseriram chips nos seus cérebros e eles sequer se lembram de que eram terráqueos, assim como fizeram na lua.

» *Happé, como você vê os povos indígenas nessa composição de humanos, draconianos? Os povos indígenas são pessoas muito diferentes às vezes e têm essas energias, esses canais, veem a natureza de uma forma diferente, alguns veem a lua como um Deus [risos].*

Os povos indígenas reconhecem a ligação com a Mãe Terra e isso é muito importante. O nosso povo se esqueceu. O nosso povo é encantado pela lua, têm todas as canções para a lua, se esqueceram da Terra. É por isso que se envenena e se permite que se envenene a Terra, porque se desconectou dessa memória. Nos tempos antigos, as mulheres sempre foram muito conectadas com a lua, pois a lua tem essa força de tração e atração dos corpos de água. As emoções fazem parte disso. Um dia antes da lua cheia, as mulheres se juntavam em círculos exclusivos de mulheres e elas intercambiavam quais eram suas emoções emergentes e compartilhavam todos os problemas dali. Elas queriam não apenas compartilhar, mas curar. E era muito comum que, exatamente no dia da lua cheia, essas mulheres que viviam juntas menstruavam juntas. Esse sangue misturado com a água era retornado na forma de nutrição para a terra para que tudo pudesse florescer melhor. Elas faziam isso com ritos de dança e de reconhecimento de amor à Grande Mãe. E isso é lindo. E as mulheres, ao fazer isso, reforçavam o seu elo com a Grande Mãe. Agora, nós passaremos a fazer isso de outra forma, que é apreciar, reconhecer na forma da apreciação do que é toda a vida que nos cerca. Caminhe pelos parques ou pela natureza que estiver mais próxima de você e agradeça à Mãe por essa vida que ela oferece. Elogie a beleza de tudo que ela cria e produz, porque ainda que ela seja envenenada, ela continua brotando em vida por nós. Ela é um exemplo ativo de compaixão.

Se pudermos nos tornar como ela, nós curaremos tudo. O que nos cabe é nos lembrarmos da nossa posição, da nossa situação. Essa nossa mãe está aqui para nos ensinar, ou reensinar, o caminho da criação. Aqui nos é profeciado o testemunho da nossa própria criação. Isso também pode ser vivenciado em reinos que não são físicos. Mas nesta vez, nesta experiência, a gente escolheu o designer físico, porque é mais divertido, é mais palpável assim. E criatividade, manifestação e autoexpressão focadas são habilidades que, ao querer encarnar aqui, nós quisemos aprender. Aqui é o lugar propício para esse tipo de aprendizagem, onde se pode assumir um lugar de reestruturação da consciência. Muitas pessoas vão escolher viver com pessoas de consciência similar e vão desejar sair das cidades e viver uma vida mais próxima da natureza. Isso começa a acontecer quando as pessoas reconectam-se com elas mesmas. A reconexão consigo é essencial para tornar-se qualquer espécie de servidor.

» *Robert, falando uma última vez sobre a lua [risos]. É que eu sempre adorei a lua. Eu queria que você comentasse sobre a gestação, que são 40 semanas lunares. Você poderia explicar um pouco mais disso?*

A lua tem domínio sobre as marés, sobre todos os corpos de água.

E a mulher, como tem um corpo emocional muito mais sensível, a lua é muito mais regente da mulher do que do homem, dos ciclos da mulher. É justamente por esse corpo emocional tão exuberante da mulher que ela sempre precisa estar trocando, se juntando e trocando entre si, que não é uma atitude tão comum entre os homens. Os homens não sabem fazer isso. O corpo do homem não veio desenhado para fazer isso também.

» *Obrigada.*

» *Mas alguns homens sentem falta disso.*

É que nós estamos vivendo um tempo onde está ressurgindo a força da Grande Mãe. Muitos homens já estão despertando essa qualidade dentro de si. Existem muitos homens muito sensíveis que podem ser rotulados como muito femininos no seu comportamento, mas, isso significa apenas que eles estão em sintonia com essa nova era.

» *Robert, existem algumas correntes que falam que o passado, o presente e o futuro já aconteceu ou acontece no mesmo tempo aqui e agora.*

No mundo da 3-D, temos essa percepção de passagem de tempo que vai do passado na direção do futuro. Isso vai acabar porque a única realidade, de fato, é o momento presente. O seu futuro depende da sua atitude agora. Se a sua atitude no momento presente é disponível, alegre, positiva, a colheita do próximo momento muito provavelmente será exatamente isso. E esse momento também vai ter a atitude dele, vai até o próximo. A vida está nas suas mãos.

» *Nas outras dimensões não existe essa divisão?*

Não, em outras dimensões não existe o relógio, que é uma manipulação da dimensão do tempo. Fica condicionando necessidades ao tempo e isso não existe. Vai ser tão diferente! Nós vamos precisar passar por isso para entender. A aprendizagem mais importante nesse momento é saber que eu não preciso mais me preocupar com o passado e muito menos me preocupar com o futuro; o meu único foco é estar presente na alegria de viver agora. Como é que você se torna feliz? Como você pode ser feliz assim e assim, num estalar de dedos? Uma palavra: gratidão. Gratidão pelo que você tem, gratidão pelo que você já viveu e gratidão pelo que você ainda vai viver. Esse é o poder. Esse é outro aspecto do seu coração e que precisa ser reaberto.

» *Quando você fala dos ETs, eles sempre são maus, eles são a sombra sempre?*

Os extraterrestres existem na dimensão negativa e na positiva também. Quarenta por cento do nosso universo está nas mãos das forças negativas, incluindo o planeta Terra. O planeta Terra é conhecido no nosso universo como o "planeta prisão", onde cada ser humano é usado como gado. Já sessenta por cento do nosso universo é positivo e esses seres, essas nações de seres positivos, estão muito próximas da Terra nesse momento, estão ajudando na ascensão planetária. Mas os positivos jamais interferirão, eles não chegarão até você. Eles têm a habilidade de tornar as suas naves invisíveis porque eles não querem chocar ninguém. Os negativos não têm esse cuidado. As naves que você pode chegar a observar não serão muito provavelmente de positivos. Eles não têm intenção de se exibir, mas estão se comunicando com a gente. Eles já nos asseguraram, através dessa comunicação, que a guerra nuclear está inviabilizada para esse planeta. Eles estão monitorando tudo e intervirão para impedir isso, se for necessário. Não dê muita atenção para todas essas outras civilizações no universo. Nesse momento, é muito importante que estejamos atentos ao que está acontecendo com a gente agora.

» *E há uma espécie de proteção, então, desses positivos contra os negativos?*

Sim, eles são nossos protetores. Muitos dos nossos familiares estão nas suas naves, que já elevaram suas consciências, e eles estão muito envolvidos em proteger os humanos da ignorância. A única coisa que pode nos libertar é a informação. Informação genuína, conhecimento. Com esse conhecimento, você desperta instantaneamente. E essa se torna sua proteção. Aqueles que ainda estão imersos na própria ignorância, esses não têm nenhuma proteção. Eles vão sofrer e precisam do sofrimento até que cheguem no fundo do poço e desejem sair dali. É assim que funciona. A vida segue. E aqueles que não ascenderem, ganham uma nova chance de três dias cósmicos para fazer a tarefa.

» *Três dias cósmicos?*

» *Vamos aprender já!*

Escolher se liberar dessas atas do passado e criar uma versão irradiante de você. A nova você é uma você plenamente consciente de si. E algo que pode te ajudar nesse processo é a música. A música vai te mostrar o caminho. A música ativa a sensibilidade dos sentimentos. Não é qualquer tipo de música, só música que te toca.

» *Pensei no caso dos psicopatas, por exemplo, que são 5% da população e que teoricamente não têm sentimentos. Como isso é visto?*

Eu diria assim: o percentual da esquizofrenia é muito alto, 85% do planeta é esquizofrênico. Eles não chamam de esquizofrenia, eles chamam de distúrbio bipolar. É a mesma coisa. Agora que nos tornamos conscientes desse diagnóstico, a gente tem condição de atuar sobre ele. A questão que pulsa é: as pessoas precisam urgentemente dar uma soltada nos seus medos. Soltar os medos significa ser capaz de curar as fantasias que aterrorizam a mente. O terror só pode ser erradicado pelo amor.

» *Então, por isso a pergunta, porque eles são incapazes de sentir o amor?*

São pessoas totalmente dominadas pelo medo. Quando você tem um ataque de pânico, é um sinal de basta que a sua alma está te dando de: "Pelo amor de Deus, não está enxergando o que eu estou querendo te mostrar?" E aí, se você tem uma síndrome do pânico e você vai para o psiquiatra para ele te dar uns comprimidinhos, essa definitivamente não vai ser a solução. Tudo precisa de modificação, inclusive a nossa psicologia.

» *Robert, por exemplo, você estava comentando sobre o despertar. Quando a gente desencarna aqui, supondo que o despertar para a 4-D ainda não tenha ocorrido, a questão é se o purgatório existe ou se é também parte de uma ilusão?*

É uma informação falsa, não existe purgatório. O único purgatório que existe é aquele que você cultiva em você mesma.

» *Eu fui criada no kardecismo, a minha mãe é kardecista, e eu sempre ouvi falar sobre umbral, que você precisa passar por esse momento antes de chegar à luz em você.*

Esse umbral que você se refere é o plano astral, e o plano astral é um campo vibracional que está cheio de projeções negativas criadas pela mente humana. Ele envolve o planeta. Esse plano astral fica o tempo todo rastreando você para ver onde você cai e ele te ataca. Por exemplo, se você for uma pessoa ciumenta e é tocada pelo ciúme por alguma situação, isso é um sinal de que existe uma fresta na sua psique e o plano astral foi lá cirurgicamente. Eles vão começar a puxar a sua energia vital. À medida que este parasita astral se acopla ao seu corpo vital, você começa a fantasiar ainda mais sobre esse ciúme. Obviamente, é uma vibração de medo, e esse medo começa a gerar uma alimentação para a entidade. Você ajuda essa força astral a se fortalecer e você amplia o plano astral sem saber. Se você faz isso ao longo de muito tempo, esse parasitinha que poderia ser uma lesminha se torna um demônio, um demônio autocriado. Aí chega uma hora em que o bicho fica tão grande que você não sabe como se livrar dele. A primeira providência é dar-se conta do que está acontecendo com você mesma. Você pega essa fendinha com muito amor e carinho, faz um curativo e diz: "Basta. Agora eu me curo, eu me restauro". E assim você mostra, com sua atitude de cura, sua determinação diante da vida. Assim, você se torna liberta do controle do plano astral.

» *O processo reencarnatório continua na 4-D?*

Não, ele é uma dinâmica que só acontece na 3-D. Na 4-D é a verdadeira liberdade e você escolhe a partir dela aonde você quer estar.

» *Quando Jesus falava do Reino de Deus, na sua concepção ele estava falando dessa 4-D?*

A resposta é sim, sendo que Jesus também disse: "O que eu posso fazer, você é capaz de fazer ainda melhor". Ele assim disse. Não se esqueça. E o Reino dos Céus, aonde é isso? É dentro do coração. Você precisa de chaves para abrir a porta. Use as chaves.

» *Robert, vai ter morte na 4-D?*

Não. Nos níveis mais elevados você pode ser quem você deseja ser e você também pode definir o contorno do seu corpo do jeito que você quiser, porque você é uma genuína criadora. Estamos começando a aprender isso aqui na 3-D de uma forma física. Aqui a gente ainda vivencia esse período gestacional entre a ideia e a manifestação dela. Esse tempo de espera, que no caso da gestação são nove meses, esse tempo de espera aqui é necessário para que você possa desenvolver esta inteligência de processo, esse processo de criação. Em níveis mais elevados, essa criação acontece em alguns instantes. E lá não têm bebês, lá você dá à luz a um ser pronto, você nasce pronto. Mas não se preocupem com esse estágio. A questão é, só está melhorando, tudo só está melhorando.

Vamos meditar. Fechem os olhos, coloquem o foco em seus corações e comecem a respirar profundamente. Na medida em que você respira profundamente, visualize-se caminhando em seu jardim. No seu jardim existe uma montanha. Suba um pouco nessa montanha. Ela é muito bela. Encontre um lugar para se sentar, uma grama, e lá prepare-se para se conectar com a sua alma. Quando você chegar a um estado de paz consigo, prepare-se para um reencontro com a sua alma. Aos pés da montanha, há um lago. Levante-se e caminhe até ao lago. Prepare-se para um mergulho. Sinta essa água límpida, azul. Mergulhe até ao fundo do lago, onde haverá uma luz. Chegue mais perto da luz e você verá: ela é um ser, é uma mãe. É a "Dama do Lago". Abrace-a. Ela é a imagem do seu ser alma. Permita que ela te conduza pela mão para te mostrar os tesouros da sua consciência.

4

CRIANDO UM NOVO PADRÃO DE CONSCIÊNCIA

Quando você encontra o bem em você, junto você encontra sua luz. Na meditação, você consegue acessar muito rapidamente essa luz e esse amor em você. Na expiração, você pode soltar tudo aquilo que não te serve mais. Essa luz que te habita, pede permissão para emanar, para ser transmitida em tudo o que você fala, em tudo que você faz. Só isso. Por mais que seja isso, e só isso, é preciso conhecer todos os detalhes envolvidos nesse processo.

Criar um novo mundo vai ser o tema central da vida de todos nós agora. Se você recapitular a sua vida um pouco, talvez você consiga reconhecer que já vem criando o novo à sua maneira. É possível que você já tenha conquistado coisas que no passado não passavam de um sonho. Reestruturação significa estabelecer uma fundação para a sua vida, uma fundação que você aprova.

A ciência da reestruturação é simples. Você traz à tona um desejo simples, de uma forma muito desapegada, e aí testemunha a manifestação disso. Esse é o princípio de criação. O único detalhe associado ao desejo é que é preciso desapego. Essa é a única dificuldade. Você adoraria que aquilo se materializasse, se tornasse real, mas se isso não acontecer, segue tudo bem. Comece com pequenas coisas. É muito gratificante começar com coisas pequenas. À medida que você pratica e percebe o funcionamento do princípio, você sabe como se faz. E quando você entende como funciona esse princípio criativo em ação, essa compreensão te coloca numa posição de liderança, pois você começa a aprender o mecanismo de manifestação dos seus desejos. Mas existem, claro, algumas pedras no caminho. Todos nós temos o livre arbítrio. E ele está conectado ao que desejamos ser e ao que desejamos criar. Isso pode trazer atritos e dificuldades. Nem todos os outros criadores desejam o mesmo que você. O medo e o pensamento excessivamente analítico podem sobrepor os seus sentimentos e também podem determinar o que você deseja criar.

Você sempre trará suas criações para o campo da experiência. Quando entendemos como funciona e quando formos capazes de transmutar a consciência de vítima, nós nos reuniremos à consciência criadora, onde você participa a partir da sua perspectiva de criação. O que passamos a nos dar conta no final, é que precisamos uns dos outros. E isso a humanidade ainda não conseguiu entender.

Estamos ainda muito divididos e muito calcados na individualidade. A verdade é que somos um e o outro. E se somos tão conectados assim, precisamos dessa conexão. Haverão muitos acontecimentos no mundo da 3-D que podem parecer muito chocantes. Sugiro que vocês ignorem o que quer que aconteça. O que tiver que acontecer, precisa acontecer. Simplesmente mantenha-se focado na sua jornada e no seu processo criador. À medida que você aprende a transmutar as feridas do passado, as experiências que acompanham suas habilidades criadoras vão se tornando mais fluidas, você passa a ganhar fluência nessa linguagem natural de criação. Isso vai acontecer primeiro para o indivíduo. Quando você, como indivíduo, estiver na sua melhor vibração, você se juntará aos seus pares para fazer um trabalho bonito.

Quando a gente acessa essas frequências mais elevadas de uma maneira plena, você vai perceber que este novo território atrai novos desafios. Isto só acontece para que você possa testar e colocar em prática os seus talentos. Mas vai depender do que está acontecendo para você. Vai chegar uma hora em que você se dará conta de que eu sou e nós somos os criadores da nossa realidade.

Quando conseguirmos combinar e associar nossas energias, isso vai se tornar a força que acelera a humanidade para uma consciência mais elevada. Essa força vai acelerar os nossos projetos criativos. Esta forma de estar no mundo ainda não foi descoberta pelo homem. É muito difícil para um indivíduo combinar suas energias com as de um outro indivíduo. Ninguém quer combinar nada com ninguém. Quando combinamos nossa energia com as das outras pessoas que entram em nossa vida, cria-se rapidamente uma realidade onde todos estão bem. O progresso no nosso planeta ainda é de 3-D. Isso também vai mudar.

Precisamos nos esforçar para compreender o propósito da polaridade, uma característica típica da 3-D. Entender esse princípio te ajuda a integrar tudo aquilo que se opõe a você. O que você ganha cada vez que integra uma polaridade é desenvolvimento e crescimento, e, com isso, expansão da sua consciência. É por isso que somos confrontados pelo que nos confronta. A gente ainda vive num mundo sob o domínio das forças escuras. Todas as energias que nos circundam são crias da desonestidade, da injustiça, da violência, da ganância e do ciúme. Todas essas energias que, de certa forma, nos travam o movimento.

Antes de encarnarmos, assumimos como missão transformar os traços de negatividade que adotamos em vidas anteriores. O que você sofre hoje, você já sofreu antes. E agora que isso retorna a você, retorna com a esperança de que você seja capaz de fazer agora o que no passado não foi possível. Seu comportamento está ligado às suas escolhas de livre arbítrio. Você escolheu viver essa situação antes da sua encarnação. O drama é que você se esqueceu do seu compromisso. Esse é o único drama envolvido. De resto, você segue no caldeirão da dor e da raiva. Para atingir o equilíbrio, para que você possa crescer espiritualmente, uma alma pode permanecer centenas de vidas na 3-D desenvolvendo, saindo, libertando-se do potencial negativo da alma, até que você atinja ou acesse a polaridade positiva da alma. Sob essa polaridade positiva é que a alma emerge, em que aparecem qualidades como lealdade, amor e entendimento. No passado, os processos de drama e de dor eram muito arrastados. Hoje está tudo mais acelerado, as experiências são rápidas. Este tempo de aceleração é propício para que você possa fazer com muita eficácia este reequilíbrio, na esperança de que você seja capaz de se desenvolver, sair do envolvimento da polaridade 3-D e, de fato, acompanhar nosso planeta em suas experiências já numa consciência mais elevada.

Por conta da falta de compreensão da maioria de que a ascensão está de fato acontecendo, o processo está um pouco refreado e a dualidade ainda se manifesta com muita força. No entanto, se mais de nós pudéssemos absorver a luz conscientemente, seríamos facilmente capazes de negociar essas experiências de 3-D. Dez por cento da humanidade plenamente consciente é o suficiente para despertar o resto e nos elevarmos todos juntos. Lamentavelmente, o grupo dos Illuminati, a elite, está ainda no domínio dos bancos e do comércio. A corrupção acontece numa escala inimaginável, mas tudo isso agora está entrando em decadência, está ruindo. Se você for um observador atento, vai notar com muita alegria a queda desse sistema. Este será o começo da nossa liberdade.

Nossa maior atenção deve ser conosco. Quero fazer uma pergunta: você sente que tem luz suficiente para acompanhar a Mãe Terra na sua jornada? Você deve dar essa resposta a si mesmo. A absorção de luz transforma nossas células. Na verdade, ela transforma as moléculas de carbono em moléculas de cristal. A cristalização do nosso DNA é que vai nos permitir a sobrevivência na quarta dimensão. É importante você dar atenção a esse processo, que é alquímico. Se você quiser, posso te ensinar como absorver luz. Além da respiração profunda, a absorção de luz possibilita transformar a negatividade em positividade. Posso dar alguns exemplos: sair da ganância experimentando a generosidade, sair da corrupção e experimentando a honra, da injustiça à equanimidade, da raiva ao bom senso, da opressão à liberdade. Quando você realiza isso, quando faz e cria essa ponte, você absorve luz no processo.

Os corpos daqueles que se recusam a transmutar suas atitudes negativas, não poderão sobreviver na vibração da 4-D. Quando você absorve luz, é automático o respeito que surge por todas as outras formas de vida. Você não apenas ajuda na eliminação da crueldade aos animais e pessoas, como ajuda a natureza propriamente dita.

O propósito das frequências de luz mais elevadas é que possa ocorrer a integração e a cura em você. A luz fará o trabalho por você. Basta que você confie nela e possa absorvê-la com alegria. Você se tornará mais responsável pela criação de paz na sua vida. Isso é necessário até que co-criemos uma civilização que ama todos os aspectos da vida, todos os povos, todas as crianças, todas as culturas e todos os animais. Isso é parte de quem somos. E somos todos uma mesma família.

Existe uma ordem maior em tudo. Até o caos é ordenado. A maneira com que você lida com o caos não passa de um teste para ver como você evolui e muda. Observe-se um pouco e veja como você vem mudando desde que começou a se observar. Especialmente aqueles que já frequentam aqui, o CEE, há um tempo. Minhas palavras podem parecer inocentes, essas histórias do nosso passado, reencarnação, as leis cósmicas, a escuridão, o medo, tudo aquilo que vem para nos confrontar. Talvez algumas dessas informações tenham produzido caos na sua mente. Se há caos, há mudança. Que bom! O que quer que tenha acontecido, respire. Respire profundamente e traga essa clareza para si. Você está no caminho da mudança. Meu único interesse aqui é um desejo de ver todos conscientes de quem são, conectados ao seu espírito, ao seu coração, que é a chama de energia que habita em cada um de vocês. Você esteve na fogueira ontem e pode ver a chama física. Você tem esse mesmo poder no seu coração. Ele transmuta qualquer coisa. Ofereça no altar do coração a chama que arde ali e tudo será transmutado. Esse é um ato de divina cooperação consigo mesmo. Todos somos mecanismos biológicos e todos estamos vivenciando no presente uma aceleração de consciência, provocando como se fosse uma atualização de consciência, onde começamos a ter conexão com as ondas eletromagnéticas da frequência de 4-D.

É fundamental agora que você deseje livrar-se daquilo que não te serve mais, e se elevar à grande tarefa de se tornar plenamente energizado num mundo cheio de veneno, toxinas e medo. Prepare-se para transmutar tudo, quando você quiser transmutar tudo. Quando você estiver nesse patamar, você estará pronto para ser um contribuinte da consciência coletiva. A liberdade está em movimento, saindo de uma mentalidade baseada na competição e caminhando para uma consciência de cooperação e cuidado mútuo.

Os venenos entram no seu lar cada vez que você vai às compras. O medo entra no seu coração toda vez que você lê as notícias ou liga a televisão. Isso vai impedindo as pessoas de fazerem escolhas baseadas no livre arbítrio, porque suas consciências e seus chakras, que estão ligados a esse tipo de atividade, estão bloqueados. Assim sendo, fica difícil discernir e se sentir livre para escolher. É por isso que precisamos nos questionar.

Deixe que eu coloque para você as perguntas: Você reconhece o veneno na sua comida e na sua bebida? Porque se você não sabe reconhecer, você se envenenará. Você consegue reconhecer os conteúdos tóxicos cheios de medo que são produzidos nas revistas, nos programas de televisão e nos jornais que você lê? Você precisa se perguntar isso, porque essa é uma das maiores tarefas diante de nós. Você consegue mergulhar fundo em si mesmo para ver quem é você? Consegue? E agora que mergulhou, o que vai fazer com o que viu? É preciso questionar, questionar e questionar, que a nitidez começa a chegar.

As mudanças que estamos vivenciando hoje são apenas o começo. Em breve, vai ser ainda mais rápido. Aqueles que não gostam de velocidade não vão acompanhar o movimento. É preciso nos prepararmos. Como você se prepara? Uma palavra: confiança. Você estará preparado quando souber confiar. Se você confia, você está preparado. Chega de lutar, chega de temer. Agora você confia. Você confia na chama do espírito que arde no seu coração e, assim, você caminha altivo pela vida. Que preço você paga por confiar? Alguém tem uma dica? Que preço você paga quando confia? O preço é libertar-se do medo, do desconhecido. Esse é o preço que você precisa aprender a pagar. Libertar-se de qualquer espécie de medo, inclusive medo de si mesmo.

A força escura atua como uma máfia. Eles sempre querem o pagamento com um pouquinho de juros. Toda vez que você dá atenção e se envolve com as forças escuras, você vai sempre ter que pagar um preço por isso. E se a verdade for verdade, então, ao longo do tempo, haverá mais evidências que te mostram que a verdade é confiável. É por isso que a experiência é tão preciosa, porque dentro da experiência você reconhecerá a verdade. A busca pela verdade dura vidas e vidas. Você não precisa afirmar "eu encontrei a verdade", porque sempre vai ter mais verdade. Não existe nenhum limite de tempo para você terminar de descobrir a verdade. Ninguém tem pressa. Se você gosta da experiência 3-D, você pode começar tudo de novo. Se você quer a experiência de um mundo superior, você pode agora se juntar a outras pessoas. Essa não é uma prova final. Não é assim.

É muito importante que você siga conectado pela busca da verdade, e que você permaneça aberto a descobri-la cada vez que ela se apresenta. A verdade liberta. Ela liberta das prisões de sempre. Essas prisões estão sempre ali, à busca de uma fresta oportuna. Pode ser que você estude que frestas são estas e em que armadilhas você cai. Pode ser que você descubra que: "Uau, estou aqui totalmente enrolado numa situação". Tudo isso te ajudará a reencontrar a verdade. Quando você avançar e começar a descobrir verdades ainda maiores, então você vai observar que a verdade não se revela só nas suas armadilhas. Ela está em todos os lugares. A cada experiência que você se depara existe, com ela, uma verdade. De fato, toda experiência tem seu valor, isto é, se você tiver olhos para reconhecer. Se você começar a acumular as verdades que se revelam em todas as experiências, coletar as faces da verdade aqui e ali, com o tempo você se desenvolve a um determinado patamar onde não pode mais ser enganado, onde todos esses personagens afirmam: "Olha, eu tenho a verdade. Venha aqui fazer uma consulta na minha tendinha". Você já sabe quem é quem.

» *O que são as energias aquarianas que você citou ontem?*

As energias aquarianas têm a ver com tudo o que é novo: novo território, novas intenções, uma nova consciência onde você pode ver todo mundo como família, como iguais. Isso é aquariano. Aqueles que estão em sintonia com a sua consciência aquariana usam suas energias e seus talentos para o serviço. Serviço em aquário é o caminho, e nós temos tanto a oferecer. Cada um de nós. Aqui é o momento de descobrirmos o que temos a oferecer. E oferecer.

O tempo de verdade não existe. Na 3-D, nós precisávamos dessa dimensão do tempo para nos darmos conta de quem somos. Nessa ação, que é retrasada pela dimensão do tempo, você consegue ter esse conhecimento do processo. Já nas frequências mais elevadas, não existe tempo, só existe o momento, e nesse momento você se torna plenamente consciente de tudo o que existe. O tempo serve para nos dar uma medida consciente do que realizamos. Quando você fez algo que demorou uma hora, demorou uma hora. Se demorar uma semana, demorou uma semana. É tudo o mesmo tempo, a medida é sempre a mesma.

» *Pelo que sei, de doze em doze anos muda o planeta regente da Terra, que antes era o Sol e agora é Saturno, certo?*

Essa é uma interpretação de 3-D das estrelas. O Sol sempre vai ser a força regente, mas Saturno agora entra emanando muita força para orientar a humanidade. Saturno é o professor, e ele é um professor austero. Se ele começa a observar a sua vida e observa que nas lições da vida a única coisa que você aprendeu foi ser uma vítima, então ele vai pegar uma palmatória e dar um toquezinho forte e firme na sua mão para que você desperte. Saturno é uma benção. Ele é um professor bastante ríspido, mas ele é uma benção. Todas as outras conjunções também estão ali presentes e está tudo bem. É um grande privilégio que um indivíduo possa ter o seu erro apontado. O indivíduo que, por acaso, aponte o seu erro, precisa ter muito amor ao fazer isso, porque o simples fato de apontar um erro pode significar que ele deixe de ser querido. Por conta disso, Saturno é muito mal falado por aí.

Muitas vezes é difícil saber de verdade o que queremos. Os pensamentos que moram na sua cabeça criam coisas, e o futuro é criado pelos pensamentos com os quais você ainda tem ligação. Quando seu pensamento chegar ao estágio da paz e você conseguir pensar de forma estável, dentro dessa estabilidade você encontrará o amor, e só dentro desta qualidade você encontrará a paz. Para chegar a esse ponto você precisa conseguir atravessar o erro. Por que as pessoas erram? As pessoas cometem erros porque não conseguem sentir a dor que produzem no outro.

Purificação. A purificação acontece quando você traz as ações do passado que ainda hoje você julga como más e as transmuta sem julgar. Saiba que todo julgamento te separa da sua divindade. A maioria de nós julga cinquenta vezes por dia. E a cada julgamento você se separa um pouquinho da sua parte divina. Cada vez que nos julgamos, nós ferimos nossa alma. A questão ligada à purificação é ser capaz de perdoar-se por cada erro cometido. Se você permanecer no autojulgamento, você vai ser submetido a uma força de dor. Quando viemos ao planeta Terra e concordamos em entrar na experiência do livre arbítrio, dentro desse acordo existia a plena ciência de que passaríamos por experiências positivas e negativas. Assim como o carbono que, depois de sofrer mais e mais pressão produz um belíssimo diamante, esse diamante, que é o cristal mais puro que há, é a sua consciência. Tanto a alegria quanto a dor são necessários para que o carbono possa sofrer a pressão suficiente para tornar-se diamante. Sem a dor, não se chega a esse estado. E sem alegria, tampouco. Esses dois se pertencem um ao outro. Igual quando fazemos pão. Vocês sabem fazer pão? A maioria de nós não sabe fazer pão, o que é estranho, uma vez que comemos pão todos os dias, não é? O que acontece se a padaria fecha? E agora? Como se faz pão? Você vai pegar o trigo, vai moer, vai fazer a farinha, vai fazer a massa. Como essa massa do pão cresce? Você vai sovando a massa de pão. Se você sova um pouquinho, ele cresce um pouquinho, mas se você sova bastante, ele cresce bastante. Depois de todo esse joga para cá, joga para lá, comprime, solta e expande, o pão chega ao seu estado real, assim como o diamante que surge do carbono comprimido. É a partir da compressão extrema do carbono que se revela o diamante. Suas alegrias e suas dores, quando você se permite passar, passar, passar, e passar por elas, em algum momento brota no centro o diamante da sua sabedoria. Quando você aprende a amar a sua dor e se permitir os seus prazeres, amar cada uma das partes com compaixão iluminada, isto honra a sua experiência, faz de cada experiência um novo ensinamento. Quando todos os medos, escuridão e resistências forem removidos, nesse momento a luz pode te atravessar livremente. Esta é a criação da harmonia. Nesse momento, qualquer pensamento de quem estava certo e quem estava errado desaparece, porque passa a não ser mais importante quem tinha razão. Cada vez que alguém libera essas energias que foram armazenadas no passado, e solta na consciência a dor que acompanha esse armazenamento, é libertado também o planeta de compartilhar contigo essa dor. Se você se liberta, o planeta fica mais leve com você. Aí reside a questão sobre a violência contra mulheres.

A violência contra mulheres é praticada por homens que estão desconectados da sua energia feminina. A consequência disso é que cada mulher também sente dentro de si uma desconexão da sua parte masculina. As mulheres são capazes de entrar na consciência da vítima. Isso pode ser observado pela desconfiança da mulher com relação ao homem. Quando falta em nós a energia do masculino interior, a pessoa fica impotente, ela entra no papel da vítima. O homem interior e a mulher interior não estão sincronizados. A criação daquilo que você deseja não acontecerá enquanto houver essa falta de sincronia.

A dor da separação estimula a alma em desenvolvimento a descobrir soluções. Quando essa informação finalmente chega e atualiza a mente sobre o novo conhecimento, ela percebe que as polaridades da experiência são uma unidade.

A única forma de curar esta situação é através do amor e do respeito. A confiança vai permitir que o relacionamento evolua. Sem confiança não há evolução.

Quando você está obcecado por ver apenas um lado seu, seja ele masculino ou feminino, você ainda vive uma vida solitária de dor e separação. Como resultado, você passa a buscar fora alguém para te amar. Você faz isso porque não consegue amar a si mesmo. Como consequência, você terceiriza esse trabalho, busca outra pessoa. E é claro que quando você terceiriza essa responsabilidade, você se abre para uma série de experiências, tanto dramáticas quanto prazerosas. Você entra numa série de ilusões, um caleidoscópio de ilusões.

» *Happé, você fala sobre quando a mulher perde a conexão com o masculino. Mas e quando a mulher perde a conexão com o seu próprio feminino?*

É pior [risos].

A questão é que se você não entra em contato com seu homem interior, você não acessa a força de se projetar no mundo, de se colocar no mundo. Essa é uma força masculina. A mulher interior consiste em toda a gestação interna da reconexão com a verdade, mas são as energias masculinas em você que te permitem expressar e afirmar isso no mundo. Com isso, você mostra, através do seu exemplo, que verdade você afirma.

» *Como entrar em contato com esse masculino?*

É com esse propósito que, de fato, atraímos relacionamentos. O homem que estiver na sua vida reflete o homem interior que te habita. O homem ensina a mulher como estar ativo e presente no mundo. A mulher precisa aprender isso. O homem, sendo um ensinamento vivo ao seu lado, te mostra como traduzir e canalizar toda essa sabedoria e conhecimento interno para o mundo. Dessa forma, o homem se torna também um mestre da mulher. Por outro lado, a mulher se torna a mestra do homem ao reconduzi-lo à conexão com o espírito. Quando você vive isso num relacionamento baseado no amor e no respeito, você se reconecta com essas inteligências internas.

» *Então, essa deveria ser a busca do parceiro ou da parceira, ter essa conexão, entendendo o que é complementar nesse sentido?*

» *E não em função do amor que a pessoa vai ter por você, mas pelo complemento?*

Exatamente, muito bem. Precisamos honrar igualmente nossa mulher interior e nosso homem interior. Dessa forma, a experiência da vida será mais unificada, pois aí você estará conectado com a inteligência e tem confiança em compartilhar sua sabedoria entre seus iguais, seus semelhantes. Por outro lado, a consequência da sua cegueira interna vai ser refletida para você através das suas experiências. Quando você está com raiva, essa raiva pode ser liberada pelo seu coração. Imagine todas essas toxinas sendo entregues no altar do coração e transmutadas na chama do amor. Se formos capazes de fazer isso, a evolução é garantida. Aqueles que querem impor sua própria vontade ao outro só obterão sucesso se o outro permitir. Infelizmente, já existe na mente daquele que aceita a opressão o equívoco de pensamento que permite que essa opressão se imponha.

A mente é o ego, é o resultado total dos seus julgamentos e das suas crenças. Estes vêm do eco da sua memória. É como se fosse uma malha ou uma matriz. Essa malha pré-programada declara obediência à autoridade. Essa é a mente crítica. Ela não veio do humano, mas através de uma intervenção genética dos reptilianos no nosso cérebro, na criação desta raça humana. O homem será livre quando ele se recusar a entrar em conflito. Isso vai exigir uma escolha consciente, uma escolha de integrar tudo aquilo que te confronta e te opõe, sempre lembrando que somos um e o outro. Eu sou você. Em outras palavras, libere a substância tóxica que mantém suas crenças coladas aos seus intestinos. O vício nas crenças fica colado nos intestinos. Fica tudo grudado ali, nessa ligação entre o segundo e o terceiro chakras. Isso precisa ser solto, liberado. Sugiro que você simplesmente aprecie o momento porque não existem outros momentos. Existe apenas um momento: o agora.

» *Essa é a forma de fazer essa limpeza?*

Exatamente. No momento você pode curar tudo. Sugiro que você passe a desacreditar em tudo. Acredite apenas em você. É preciso entender que, no nosso universo, tudo que é vivo é capaz de ações más. Todos são capazes de rejeitar amor simplesmente porque existe o livre arbítrio. O criador realmente foi muito sagaz. É um jogo extraordinário distribuir livre arbítrio para todo mundo, pois, com isso, cada um é livre para criar sua própria miséria e sua própria alegria.

» *Happé, nessa lógica do todo, o criador criou tudo?*

Criou tudo.

» *E o tudo seriam as espécies que não pertencem a esse planeta, aos humanos? É um só criador ou são diferentes criadores?*

Nós somos as crianças. Também somos criadores.

» *Mas os humanos, nós e todas as formas de vida no universo?*

Sim, todos os extraterrestres também. O criador supremo deve ter um incrível senso de humor [risos]. Ele também é muito inteligente. Grande parte do universo é dominada por forças escuras, sendo que existem muitas estrelas no nosso universo. Não sabemos quantas, mas são bilhões e bilhões, e nem todas são de orientação positiva. Muitas delas são dominadas por forças escuras, como a nossa Terra. Aqueles que habitam os reinos superiores, olham para o planeta Terra como um dos planetas mais obscurecidos. Ele é conhecido como "planeta prisão" e todos nós sabidamente escolhemos encarnar na prisão. Imagine! A gente veio aqui na maior valentia, viemos libertar todo mundo e acabamos presos também [risos]. Deve existir alguma verdade no meio disso tudo.

» *O que tem de tão especial no planeta Terra?*

O especial é que na 3-D, especialmente aqui na Terra, você aprende sobre a integração da polaridade. Dezesseis por cento dos nossos sistemas estelares são de 3-D. Existem muitos lugares onde dá para fazer essa integração de polaridade. Oito por cento são de 5-D. E assim vai. A jornada de volta para casa é uma longa jornada, porque existem doze dimensões. Nós temos uma abundância de experiências. Nem adianta achar que está muito chato aqui, que ainda tem muito pela frente. A parte mais difícil é entrar, encarnar aqui, porque aqui você aprende a olhar através da ilusão e reconhecer onde está a verdade. No final dessa jornada, quando você ascende para fora dessa dimensão, para a quarta, você estará muito contente com tudo o que aprendeu aqui.

» *Temos informação sobre a última dimensão?*
Temos informação até a sexta dimensão. Na 6-D viveremos a experiência andrógena novamente, quando existe a integração total da chama feminina e da chama masculina. Isso já acontece na 5-D, quando, de fato, esse ensinamento, essa aprendizagem, se completa, todos os doze aspectos de você se unem numa única chama. Nosso Sol é povoado de seres de 6-D. Esses seres que habitam o Sol são andrógenos. Seus corpos são como chamas, labaredas. Esses seres governam nosso cosmos, nosso Sistema Solar. Eles têm conhecimento instantâneo de todas as dores do nosso Sistema Solar, e enviam orientações através do espírito para toda ajuda que é necessária. Espírito é o mesmo que consciência, e essa consciência vibra na frequência do amor. E ela é abundante. Quando você inspira, você respira esse espírito. O seu ponto de conexão com esse poder é o coração. Esqueça o terceiro olho. Nada acontece no terceiro olho se não acontecer primeiro no coração. O coração é o portal para frequências elevadas.

Quando nos dermos conta de que eu sou você, emerge um nível de percepção de confiança e de harmonia que você começa a perceber que tudo que já foi vivido te ensinou. E muito. A experiência é, ao mesmo tempo, o professor e a matéria a ser aprendida. Não são as escolas que trazem aprendizagem, é a experiência, quando você pode observar o que te aconteceu e se permitir entrar no templo do sonho. Na verdade, é conveniente que você habite muito esse reino dos sonhos. A ideia é que você esteja com a sua atenção bem plantada no mundo físico e, em paralelo e, ao mesmo tempo, também esteja no reino dos sonhos, onde você sempre tem essa perspectiva de como gostaria de melhorar as coisas. É como se fosse uma realidade simultânea de dois reinos que se reúnem. Estamos vivendo em dois mundos, na 3-D e na 4-D.

» *Uma dúvida. Assim, para cada planeta você tem todas as dimensões ou você necessariamente tem que mudar...* Aqui você está na 3-D fazendo essa transição para a 4-D.

» *Mas dentro do mesmo planeta?*
Nós temos quatro dimensões presentes já no nosso planeta. A primeira dimensão é o reino mineral, os cristais. Os cristais carregam o código de inteligência de canalização da luz para o plano físico. A segunda dimensão é o mundo natural, onde estão as plantas e os animais. Quando uma alma encarna nessa dimensão, é porque ela deseja entender sobre o processo de crescimento. Se você olha para um animal, ele está o tempo todo comendo. Ele adora crescer. Nossas ovelhas não param um minuto de pastar. Elas nunca param para deliberar: "O que vamos tomar no café da manhã?" Não, é sempre grama. Crescer na segunda dimensão é o que gera alegria. Igual aos nossos animais domésticos. Mesmo que a gente queira comê-los em algum momento, eles estão muito felizes e contentes em doarem seus corpos, desde que eles tenham sentido antes o direito de crescer e aproveitar a vida.

Nós também estamos muito desequilibrados com a segunda dimensão, o reino animal. Os seres árvore também têm seus corpos na segunda dimensão. Não temos muito respeito por essas grandes senhoras. Derrubamos esses seres iluminados sem a menor noção do que estamos fazendo. Quero falar com você sobre as consequências devastadoras da nossa pouca consciência com esses reinos. O problema dentro da programação humana é que os humanos acham que são superiores aos animais e às plantas. Esse é um engano brutal. Quando você faz isso sem saber, você também está colocando seu instinto como menos importante. O resultado de um instinto condenado é confusão. Quando os humanos pensam que são melhores que os animais, condenamos nosso instinto como algo inferior também. Como consequência, as pessoas se desconectam e deixam de ouvir os próprios instintos, e passam a escutar e aceitar a autoridade. É por essa razão que a humanidade é tão vergonhosamente estúpida, porque perdeu o acesso ao próprio instinto, porque substituiu o próprio instinto pela palavra da autoridade e pela palavra das religiões. Deixe-me contar algo muito importante.

Assim como o salmão encontra o caminho de volta para casa por instinto, é o instinto que tem a força para te levar para casa. É por isso que precisamos conhecer nossa mente intuitiva. E por conta dessa condenação do instinto, de deixar de acreditar totalmente nos próprios instintos, a humanidade se submeteu às aflições do julgamento. No lugar do instinto, a humanidade adotou crenças. Essa é uma história muito triste.

A única forma de ir além do medo e da dor reside na habilidade de agir em sintonia com o próprio instinto, usando a ferramenta feminina da intuição e da sabedoria. Ao empreender a sabedoria intuitiva do seu coração, você se torna capaz de honrar seu instinto em suas ações.

A razão principal para explicar o caos em que a humanidade se encontra é sua alienação ao amor. Isso aconteceu em decorrência da perda de confiança no próprio instinto. É impossível qualquer tipo de cura quando somos incapazes da conexão. Mas quando firmamos conexão com essa força divina que nos habita, essa conexão em si é um sinal de termos alcançado a quarta dimensão.

Quando você é capaz de reconhecer o seu próprio erro, você não precisa mais culpar ninguém. As pessoas que julgam não conseguem enxergar seus próprios erros e, assim, criam muitos problemas com os outros, julgam os outros. Ainda que você não aprove, permita que cada um viva, permita que os outros tenham seu próprio livre arbítrio. Você sabe que todo mundo precisa do que precisa e, assim, você permite. A escolha só existe na esperança de que você possa escolher o amor e não a separação. Antes da ascensão, cada um de nós vai ser convocado a superar o seu próprio senso de separação.

» *A ascensão para a quarta dimensão?*

Para quarta ou quinta dimensão.

» *Robert, qual a diferença entre instinto e intuição?*

O instinto é uma inteligência que vem direto da alma. É o animal puro, sagrado que te habita. Essa é a alma.

» *E a intuição? Não é a mesma coisa?*

A intuição é aquela fagulha que atravessa direto da alma para dentro da consciência. O feminino é uma intuição. É dessa forma que ela lidera.

A conexão com a intuição exige apenas que você sinta. O processo não é racional, é um sentimento. A intuição não é uma entidade, mas uma qualidade de caminho a partir do qual você caminha. É como se fosse uma faixa de consciência que te traz a inspiração para resolver o que surge diante de você num determinado momento. Essa faixa de consciência desce para a alma direto do espírito.

O que nos cabe agora é eliminar cada um dos vícios de comportamento que temos. Não se permita mais estar separado do amor. Cristo também ensinou que o amor é o único caminho. O amor é o estado natural da alma.

» *Robert, por que existem pessoas que têm a clarividência, conseguem ver, e outras não? O que há por trás disso?*

Pode ser que essa alma já tenha desenvolvido essa competência em vidas anteriores, então a região do terceiro olho está mais desobstruída.

» *Robert, sobre a civilização intraterrestre, existe mesmo isso e em que dimensão eles estão?*

Sim, existe. Dentro da crosta terrestre há civilizações que não são muito desenvolvidas. Já no centro da terra, na camada interna da terra, há civilizações muito mais avançadas do que nós.

» *É quarta, quinta dimensão?*

Ambos. Eles fazem parte de uma civilização avançada que está muito feliz onde está. Eles voltarão a nos encontrar quando tivermos aprendido a abraçar a pessoa do outro lado da rua.

Quando você já passou pelo aprendizado de sexta dimensão, onde tudo está plenamente integrado como família, aí você passaria para a sétima dimensão. É um outro portal, uma outra natureza de experiência. Esse indivíduo plenamente unificado começa a guiar toda uma civilização, como faz nossa Mãe Terra. Ela é dessa vibração, e simplesmente está no serviço de nutrição contínua à vida. A partir disso, passaríamos para a oitava dimensão. A oitava tem mais a ver com o fenômeno dos buracos negros, onde toda a informação e sabedoria entram de volta para dentro. Não consigo descrever isso porque eu ainda não vivenciei para falar. De novo, a gente está hoje no processo do diamante, onde começa a acontecer uma compactação. A interpretação que faço é como se, na oitava dimensão, tudo voltasse para dentro de um útero cósmico porque, na décima segunda, o diamante, já pronto, explode e cria seu próprio universo. Ele está pronto para ser um criador supremo. Ele cria o seu próprio universo e orienta esse universo. Temos muitos universos, todos orientados por indivíduos que chegaram a esse processo de ser um criador pleno. É uma jornada incrível. Todos nós estaremos nesse lugar um dia. É por esse motivo que a vida é infinita, porque precisa de tempo para passar por tudo isso. Essa aprendizagem de cuidado por outros seres começa na terceira dimensão, quando a gente vive essa experiência de cuidar de uma família. E veja como é difícil isso [risos]. Imagine um universo inteiro. Estamos todos nesse descobrir.

» *Robert, como você adquire todas essas informações sobre o universo?*

Porque eu desejei saber. Eu desejei muito, comecei a pesquisar. Se você fizer o mesmo, você voltará a se lembrar. É uma questão de se conectar e se lembrar.

» *Happé, eu gostaria de ouvir você falar mais sobre o planeta Terra e o quão sagrado ele é ou ele não é, porque desde ontem nós estamos falando do eu, a passagem do eu para o nós, da polaridade, da transcendência da terceira para a quarta dimensão. Mas e este planeta que é tão sagrado, que é a nossa mãe, que é a nossa terra? Considerando que somos humanos, pertencemos a ele, aprendemos a amá-lo, eu gostaria de entender mais. Às vezes parece que o planeta está aqui só por estar e eu entendo que não é isso. Então, eu gostaria de ouvir você falar mais sobre o planeta em si.*

O planeta Terra é um planeta de vibração feminina. Essa vibração é também conhecida como Gaia. Ela tem cuidado da vida deste planeta por bilhões de anos. Ela sustenta o propósito de nutrir essas pessoas que querem viver aqui a experiência da polaridade e, assim, ela tem nos sustentado por todos esses bilhões de anos. Nós somos a última raça raiz. Estamos na fronteira da ascensão e ela, agora, está se elevando para fora da terceira dimensão. Chegamos ao momento da virada. Se permanecesse na 3-D, ela seria destruída. Ela pediu ajuda na década de quarenta porque estava se sentindo sufocada. Muitos de nós começamos a encarnar no planeta para ajudar. Esse chamado de ajuda de Gaia também trouxe muitos seres de ordem espiritual que agora se encontram em meditação, reunidos ao redor dela, para ajudá-la também nesse processo de cura. Muitos de nós estamos aqui porque já escalamos suas montanhas durante muitas e muitas vidas e voltamos para resgatá-la. É por isso que a gente veio. É por isso que o seu amor pela Mãe Terra é de infinita ajuda. Quando você passar por uma árvore, diga "oi". Reconheça, ela é bela. Isso ajuda a restaurar a Mãe Terra. Vamos escrever sobre isso, vamos instruir todos a voltar a amar este planeta. Obrigado pela sua pergunta.

» *Robert, a gente fala de vários seres. Onde começa a vida?*

Onde começa? Acredito que tenha começado quando surgiu o pensamento. Esse pensamento disse assim: "Ei, vamos criar um universo?" Eu não tenho a menor ideia, meu amor! Faz muito tempo. Talvez eu tenha estado ali, mas eu ainda não me lembrei disso [risos]. Tenho certeza de que todos nós estávamos ali, mas ainda não nos lembramos. No começo se diz: era o verbo. É assim que tudo começa, com a palavra, com o som. A palavra era som. É o som que cria. Tudo começou com o som.

» *Os cientistas dizem que a Terra viverá mais seis bilhões de anos, colidirá com outro planeta e será destruída por questões naturais e...*

Essas teorias científicas relatam o modo de raciocínio de terceira dimensão e se esquecem de que aqui é apenas uma sala de aula.

» *Mas ela não teria que viver também como planeta para sempre? Ela poderia transcender também?*

Sim. Muitas pessoas acreditam que a condição da Mãe Terra, por ser tão abusada e violada, não importa. Muitas pessoas jamais terão a consciência disso até que se torne uma ameaça pessoal, tipo "faltou comida". Não somos só nós, mas o planeta também vive esse efeito de crucificação pela elite. É por isso que estamos numa crise ecológica. Ela ameaça a vida de todos no planeta. Esse momento da crucificação precisa gerar atenção, consciência para o problema. É só nesse momento que é possível resolver. Acho que ainda não existe consciência suficiente sobre o problema. Uma vez que você conhece o problema, você começa a ser capaz de criar uma mudança completa. A ressurreição só é possível quando a antiga atitude morre. Quando você tolera a matança da Mãe Terra, talvez você não a mereça como seu lar. Você se torna aquilo que tolera.

Para que mais pessoas possam escolher agir melhor e diferente, é importante que possamos emanar nossa luz sobre esse tema obscuro e sobre esse domínio da escuridão. Não adianta fazer isso de uma forma rebelde, é preciso fazer com um intuito amoroso pela mãe e compartilhar essa atitude. O amor une tudo que está em separação. O que separa? A raiva separa. Se você não aprende a transmutar a raiva, ela se torna a dor que você carrega pelo resto da sua vida.

O ensinamento mais elevado deste planeta é não armazenar mais a raiva no seu coração. Raiva é veneno puro. Se você reconhece que ela está aí, então seja capaz de, nesse reconhecimento, também soltá-la. Você libera a sua alma de precisar compartilhar essa dor densa com você mesmo. Tudo o que você resiste precisa se transformar em aceitação. Sempre expresse, no momento certo, aquilo que você sente ser a coisa certa. A harmonia só será eterna quando você for capaz de estar continuamente sintonizado com ela. É por isso que é tão importante respirar conscientemente o sopro do Divino. Use esta energia para ajudar a refletir sobre você, vendo a si mesmo na essência de tudo que existe. Quantas vezes você se olha durante o dia? Você se olha? Quando você esquece de se olhar, você, ao mesmo tempo, está esquecendo de que existe.

Você vive por hábito, por rituais, por moda. Você está copiando os outros. É diferente quando as pessoas começam a despertar, pois começa a existir uma clareza maior de como as forças escuras operam o jogo. Neste ponto, você olha para a sua vida e diz: "Uau, isso não é para mim. Eu quero viver a minha vida com amor e com honra. Me parece muito mais bacana". É muito melhor do que viver acorrentado pelo medo e pela consciência de impotência. Não somos vítimas. Somos criadores. Somos crianças criadoras no processo de despertar. Estas somos nós.

Quando você consegue se liberar de toda a dor, você está disponível para receber o seu poder. Além disso, aprende a amar tudo o que você já viveu, pois sabe que isso te ensinou muito. Se você duvida de que um tempo magnífico de escolha está bem diante de você, sua alma sofre junto com você. Amor é paciência pura, e o amor aguarda o retorno das suas ovelhas. Os ensinamentos chegam até a Terra através do êxtase e da dor. A única coisa necessária é saber fazer as escolhas de maneira consciente. O amor só pode existir quando você dá o seu foco criador a ele. O amor só pode existir quando você está amoroso. É por isso que você é testado o tempo todo. Quando você aceita uma encarnação física, você quer se testar no amor.

Quando a gente faz uma reflexão séria sobre o que é e o que poderia ser, quando você olha no espelho do tempo, tira sua máscara e contempla exatamente aquilo que você tem escondido de si mesmo – assim como sua própria participação no passado na negatividade –, nessa hora em que você está nu diante de si mesmo, sua escolha se torna óbvia. Se você busca o equilíbrio, seja capaz de olhar e reconhecer no espelho o seu lado escuro, e observe uma forma de harmonizar e pacificar isso. Observe as ações que você optou fazer no passado e que hoje, nem no seu sonho mais louco, você faria. Estou confundindo vocês ou vocês estão me acompanhando?

Nossa ligação com o Divino está no reconhecimento da beleza das coisas através da arte, através do amor. Esta reconexão com a beleza em todas as coisas vai te libertar do vício de achar que você tem que acreditar em algo. O caminho de volta para casa simplesmente depende de confiar. Se você confia de verdade, as questões acabam. Se você tem dúvidas, é porque ali falta confiança. Você se separa na dúvida exatamente daquilo que pede seu amor. É a mesma coisa com o seu processo criativo, se você confia no processo, você fará o trabalho. Sugiro que, se você precisa de alguém na sua vida, confie no potencial divino daquela pessoa. À medida que você confia, essa pessoa mudará.

Quando suas emoções estão desequilibradas e você se encontra no meio desse redemoinho, você não consegue acessar a clareza do amor. Consequentemente, você fica impedido de saltar no meio do caos. As experiências emocionais profundas no nível plutônico são essas experiências levadas à profundidade de Plutão, e que permitem o reequilíbrio das energias, das forças. Às vezes, uma catarse emocional é profundamente benéfica, pois você limpa e solta a bagagem. É muito melhor explodir do que ficar carregando um mochilão por muitas vidas. Chega uma hora em que você é capaz de transmutar o que precisa por conta da intensidade que você se permitiu vivenciar. Estamos todos vivendo numa realidade de sonho extremo. Somos todos atores deste sonho. Quando você sabe "eu existo", então, nesse momento, suas criações conterão o amor e a consciência que é você.

Entrega é uma palavra da maior importância. É preciso prática. Descubra quais são suas próprias potencialidades e confie nelas. E se estamos falando de vida, viver é igual a ser quem você é. E divertir-se. Não permita mais que o medo te aprisione. Em vez disso, desfrute da vida. Se sou amor, o que posso temer? Tudo é amor. Se entregue a esse amor. Eu não posso escolher amar por você, mas na medida em que falo sobre isso, pode ser que você perceba o quanto você mesmo quer isso. O que posso fazer é lembrar você, repetidas vezes, que tudo o que existe na criação é parte sua, é você. E, ao mesmo tempo, é amor. Permita que isso que você manifesta ame você também. Também é preciso aceitar o amor que você já possui por você. É só no momento em que você é capaz de ser esse amor, que você se torna infinito, ilimitado. Cada situação que acontece com você está te ajudando a lembrar de quem é você para que você possa fazer a escolha de amar. É uma oportunidade de demonstrar as maravilhas que te conectam à divindade. Vamos dançar mais, vamos nos reunir, vamos nos misturar, vamos mostrar quem somos. É por isso que a gente se junta, para mostrar, para demonstrar esse amor que somos.

» *Quem são os trabalhadores da luz?*

Todos nós.

» *Tem algum grupo de pessoas especiais que voltaram para cá para ajudar?*

Estão todos aqui como nós, entre nós. Não importa quão avançados são esses seres que reencarnam. Quando eles chegam, eles esquecem igualzinho à gente. Agora nos cabe relembrar quem somos, pois somos crianças da luz, somos esses trabalhadores.

» *Nós viemos aqui para ajudar e viramos prisioneiros também, não é? [risos]*

Sim. A gente veio aqui aprender a sair da cadeia [risos]. A pergunta foi: por que a gente esquece quando nasce? A resposta é: se já soubéssemos quem somos, não nos submeteríamos ao trabalho a que precisávamos nos submeter. Se você chega já sabendo que é a rainha de Sabá, você fala: "Isso aqui não tem nada a ver comigo". Todos nós viemos de vibrações superiores. Como todos temos uma familiaridade com as frequências mais delicadas, quando chegamos aqui, e é tudo mais denso e lento, essa intercomunicação com essa inteligência superior fica amortecida, sedada, e a educação que você recebe também é poluída e lenta. Você vai se esquecendo.

Mas quando falo de amor, por favor, lembre-se que amor, por natureza, precisa amar e ser amado. Quando você entrega seus medos, você pode ser esse amor em todo o seu esplendor e pureza, sendo que basicamente todos nós estamos nesse caminho. Feche os olhos e coloque a atenção no coração. Vamos exercitar o nosso potencial criador numa meditação. Então retorne, por favor, ao seu jardim e crie nele uma bela casa, uma linda horta, um pomar, tudo aquilo que você adoraria ter no seu jardim. Vou te convidar a estar preparado para convidar todas as pessoas que você já conheceu a entrar no seu jardim, inclusive pessoas que você nem sequer conheceu. Convide-as também. Prepare sua mesa com frutas e alimentos para sua nutrição. Agora veja a divindade em cada um. Veja cada um deles se comportando harmoniosamente, lindamente entre si. Você é um servidor de amor entre eles.

(Após 8 minutos...)

Respire profundamente e prepare-se para retornar. Vocês foram capazes de abraçar todo mundo no jardim? Essa é a melhor forma de se libertar energeticamente de tudo que não é da luz. O jardim é onde fazemos o nosso trabalho e é nesse lugar que o processo de criação é mais rápido.

Nesse momento, agradeço a vocês pelo espaço dado para expressar isto. Agora sabemos juntos.

5

DISCRIMINAÇÃO MENTAL É ALTAMENTE RECOMENDÁVEL

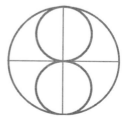

Hoje celebramos nove anos que oferecemos ensinamento espiritual. Estamos descobrindo nossas possibilidades como seres criadores.

Na numerologia, o nove representa quando saímos de nós mesmos na direção do desconhecido. Para descobrir aquilo que está além do que já conhecemos.

Estou muito feliz que vocês já estavam aqui se preparando, entrando em contato com essas forças naturais que habitam aqui. Na verdade, o plano planetário consiste que o corpo de Gaia, nosso próprio corpo, seja corretamente restaurado. Essa restauração trará de volta a beleza e a saúde originais. Todos nós encarnamos para ver este plano realizado. Mas nos esquecemos disso. Agora nos cabe relembrar. Isso significa que a humanidade pode, de fato, coexistir com todas as formas de vida em perfeita abundância. Isso só é possível quando é permitido o florescimento a cada uma dessas formas de vida.

É aí que entra a nossa parte: nós ajudando os outros a florescerem. Ao ser um agente de florescimento, você se torna parte do processo de transformação. Essa transformação acontece ao redor de todo mundo, e é um indicador muito forte para aqueles, entre nós, que conseguem ver que o mundo está de fato mudando.

Essa mudança se dá através da ascensão. E você pode escolher ascender com ela para reinos mais elevados de consciência. A ascensão pessoal é uma escolha pessoal. E essa escolha está disponível para cada individuo no planeta. É isso que significa ter livre arbítrio. Parte de adquirir a iluminação reside em reconhecer a alma que você é. Não dá mais para caminhar por aí sem reconhecer quem você é. É quase vergonhoso. Alguém te pergunta: "Quem é você"? Você diz: "Não sei...".

Parte do propósito da ascensão consiste em elevar o entendimento de quem você realmente é.

É aquele estágio, aquela perspectiva onde o indivíduo se reconhece em cada pessoa que encontra. É uma experiência alquímica. Faz parte das lições contidas num reino de consciência mais ampliada.

A ascensão do corpo planetário já aconteceu em 2012, mas poucos de nós, habitantes nela, pudemos acompanhá-la nesse processo. De fato, poucos de nós já observam as mudanças e as oportunidades que se abriram para a criação do novo mundo.

A luz se derrama pelo nosso planeta e em todo cosmos ao nosso redor. E este derramamento de luz tem o propósito de despertar as pessoas. A consciência coletiva está sendo desafiada por esta vibração luminosa para que ela possa elevar-se a si mesma em consciência. Um indicador dessa ascensão em consciência acontece quando você percebe que não é mais necessário competir, quando existe o chamado para cooperação e se deixa de lado a competição. É saber que cada pessoa que entra na sua vida, entra para dar a você a oportunidade de cooperar com ela.

Na 4-D vemos cada um e todos como parte de quem sou eu. Sua mente não vai conseguir ter essa clareza tão fácil, mas no seu coração, a morada da sua alma, você será capaz de reconhecer.

A ascensão, na verdade, é promovida por essa propulsão que é a própria vida em si. E não tem a ver apenas com seguir adiante, para frente. Significa movimentar-se com essa espiral que sobe em consciência. Você está nesse movimento de ascensão porque começa a convocar experiências cada vez mais ampliadas e livres do medo. Você escolhe assim porque percebe que medo é a substância do inimigo. É quase como um parto. Basta que você se acostume com esse novo padrão vibracional. Nessas outras dimensões, você vai receber um novo patamar de qualidades. Uma das características, é que a luz vai intensificando a pressão sobre esta nossa ascensão. Essa intensidade é uma benção, pois acelera nosso reencontro com qualidades inatas que carregamos. Para que cada um de nós possa se envolver nesse processo de criação, o processo em si permite que essas qualidades emerjam como ferramentas de co-construção de um novo mundo. É isso que está acontecendo com a gente agora.

Por isso, é altamente recomendável que você pare de abusar da sua luz. Você sabe como você abusa da sua luz? Toda vez que você julga ou critica a si mesmo, ou a outro, você está abusando da sua luz.

A poluição que você gera a partir desta vibração, vai colar nos seus chakras. Seus chakras ficam parcialmente entupidos com isso. A maior parte das pessoas está completamente entupida. A gente precisa começar a fluidificar esses canais de novo.

Eu gostaria de mostrar muitos aspectos e pontos de vista para que vocês entendam completamente essa questão. Basta que você tome uma decisão: "Não quero mais criticar e julgar. A partir de agora eu observo. Observo e não reajo." Isso é consciência mais elevada em ação.

É muito importante não se deixar levar pelo jeitão antigo, cheio de medo. Em vez do jeitão de sempre, ouse começar a amar aquilo que solicita a sua luz. As pessoas entram na sua vida porque querem conhecer a sua luz. Não vieram conhecer a sua crítica.

É por isso que é muito importante que convoquemos em nós mesmos a positividade, o otimismo, o entusiasmo. É muito mais fácil dar o melhor de si na co-criação do novo mundo a partir dessas energias. Não importa onde você esteja. Ainda que milhões de pessoas à sua volta ainda estejam adormecidas, quando você estiver vibrando neste patamar de consciência, é um sinal de que você já ganhou maestria sobre este estreito canal de parto da 3-D para 4-D. Você entende o que está acontecendo. Você sabe que é um processo e que cada indivíduo tem o seu tempo, e ele é diferente para cada um de nós. Você também sabe que o progresso é determinado por todos os habitantes do planeta. E todos nós aqui presentes, estejamos cientes disso ou não, viemos restaurar a harmonia e a saúde no planeta.

A família aonde você escolheu encarnar, e os pais que vieram junto com ela, trouxeram para você as lições que você precisava. Você falou: "É para lá que eu quero ir. É lá que eu posso curar!" Mas aí você nasceu e esqueceu. Agora cabe a você relembrar.

Quando você estiver insatisfeito com a sua vida, esse é um sinal de que você pode se preparar para uma mudança de atitude. Se existe insatisfação, infelicidade, é porque o entusiasmo e o otimismo estão ausentes. Não perca tempo se irritando com outras pessoas. Eles são diferentes. Nenhum par de pessoas pode ser igual. Cada pessoa é única porque cada uma teve a sua criação, teve o seu ambiente, as suas referências. Chega de comparações.

A comparação e a competição vêm da mesma substância que produz a separação.
Precisamos aprender a trabalhar juntos, de forma cocriativa, onde comunidades e cidades sejam capazes de colaborar entre si para gerar a prosperidade para todos. Vamos compartilhar nossos talentos, nossas ferramentas, nossas mentes para melhorar o que ainda está aqui. Quando você tem essa intenção, o crescimento é muito rápido. Esse intercâmbio de saberes faz o processo ser muito mais fluído, pois nos damos conta de que todos somos professores e também estudantes ao mesmo tempo. Se você já aprendeu algo, e se sente confortável nesse saber, você já tem algo a compartilhar.
A consciência coletiva não produzirá mudanças por si só. A consciência coletiva tem uma fortíssima programação do sistema. Essa consciência não é livre, ela é prisioneira. São os indivíduos que despertam dentro do coletivo, são estes que podem ser faíscas da mudança. Essa mudança pode se dar a partir da expressão da perspectiva positiva do que está acontecendo. Talvez estes indivíduos que despertam possam mudar o curso do rio e evitar a destruição.
Quero falar para vocês como isso funciona cientificamente.
Do acúmulo de conhecimento vem a sabedoria. Da sabedoria vem o entendimento. Com o entendimento, a mudança se torna possível. Quando há mudança, há evolução. É um processo natural.
Esse é o caminho de como ele funciona. Infelizmente, esses passos naturais não foram ensinados, não são ensinados, não são ensinados nas escolas. Poderíamos estar num estágio muito mais confortável hoje se tivéssemos aprendido isso na escola.

Para que a gente possa produzir uma mudança para melhor, é muito importante estarmos disponíveis para realizar o trabalho necessário. Se não estivermos disponíveis, vamos nos manter na mesma situação. Nossa disponibilidade precisa ser direcionada para superar a negatividade que habita a mente.

Estas são as lições que viemos buscar aqui na 3-D. Quando tivermos aprendido a fazer isso, fica muito fácil co-criar com as outras pessoas na sua vida. Você pode começar a escolher as lições da era de aquário que são diferentes, onde cada mudança positiva é apoiada com amor e respeito. Este tipo de progresso é o objetivo maior.

Esse é o exercício de expansão de consciência, onde você se move para além de uma situação meramente de desenvolvimento pessoal para uma situação de neutralidade. Quero dizer com isso que você simplesmente absorve os fatos. Você não entra na emoção e nem no drama. Não tem nada emocional ligado a um fato. Ainda que você ouça: "Olha, eu não te amo mais." Isso é um fato. Quem sabe da próxima vez, né. É por isso que a gente reencarna tanto.

Quando a experiência é permitida, você aprende. Você aprende a assumir a responsabilidade pelas suas próprias ações. Todas as experiências que você vive chegam à sua vida para te levar ao entendimento. Até mesmo uma experiência falsa ou um ensinamento falso. Tudo tem potencial. Se uma pessoa foi atraída para um falso mestre, essa pessoa precisa desta experiência. Tudo tem a ver com a qualidade do ensinamento que você escolhe. Isso é o que se torna importante no seu processo de desenvolvimento. Assim sendo, permitimos que cada um trilhe o seu próprio caminho. Não existem regras. Permita que a liberdade exista, ainda que você saiba que aquela pessoa, muito provavelmente, vai cair no buraco. Ela precisa aprender o que é cair no buraco. Permita. É um sinal de amor por essa pessoa quando você a permite fazer o que ela escolhe. E por se sentir amada e respeitada, essa pessoa voltará a você para mais informações.

Algumas experiências trazem uma etiqueta de preço anexada à ela. Você precisa pagar uma taxa de carma. Mas ainda assim, uma experiência deste tipo é boa. Por que você está aprendendo. E aqui, sempre, é sobre aprender. Você veio aprender sobre todos os fragmentos de consciência. Para isso, você vai precisar vivê-los.

Se você ainda não foi rejeitado por muitas pessoas, você ainda não viveu direito.

Fazer escolhas fortes, firmes, vão te alinhar com o propósito da sua alma. É preciso satisfazer as necessidades da alma. E a necessidade da alma é que você conheça o seu poder e o seu livre arbítrio. Porque só manifestando o seu poder no seu livre arbítrio é que você é capaz de ver quem você é em ação.

A razão pela qual vivemos tantas experiências diárias, a vida toda, é para que você possa adquirir esse mecanismo de refinar as escolhas, ao ponto de você, finalmente, se sentir vivendo a sua verdade. Ou não. Você vai viver as consequências de não estar vivendo a sua verdade também. No fim, tudo se resolve. Algumas pessoas gostam de crescer rapidamente e outras querem um pouquinho mais de tempo.

Uma pessoa saudável questiona o tempo todo. Espero que você, diante das experiências que se apresentam, se pergunte o tempo todo: "Isto me ajuda de alguma forma"?, "Isto aqui me ajuda a chegar onde quero chegar?", "Isso aqui me ajuda a chegar onde preciso ir"?, "Isto está em alinhamento com as minhas necessidades espirituais e atende aos requisitos da minha alma"?

Se você se questiona dessa forma diante de tudo o que faz – este tipo de pergunta te trás discernimento –, você será sempre mais capaz de responder às suas próprias perguntas.

A disponibilidade aqui é de você querer enxergar mais fundo nas questões da vida. À medida que você questiona, aquilo que está no lusco-fusco, ou mesmo escuro, vem para a luz. Isto, em si, já é um processo de integração.

Neste contexto, quando digo escuro ou escuridão, quero dizer na ignorância. Aquilo que ignoro. Muitas pessoas ainda não estão disponíveis para investigar os aspectos mais profundos delas mesmas. Eu repetirei, de novo e de novo: simplesmente encare esses aspectos do seu ser que ainda não encontraram equilíbrio. E faça as devidas correções.

Tudo o que traz uma emocionalidade de alta vibração, pede correção. Quando você vive uma emocionalidade assim, é porque sua alma está te contando que tem algo na sua mente que não vibra na forma correta. É por isso que eu digo a você: observe cada vez mais sem precisar se envolver tanto emocionalmente. Este é um grande desafio para todos nós no planeta. A maioria de nós nem sabe desse desafio.

Quando você é capaz de desenvolver o equilíbrio no meio da tempestade, aí você desenvolveu maestria. Você encarnou justamente para ter estas experiências. Na experiência, você se torna consciente de qual é o seu poder, pois ele é capaz curar e restaurar o que está acontecendo. Por isso recomendo o tempo todo: respiração profunda a qualquer momento.

O propósito da respiração profunda é nutrição do corpo físico, mental e emocional. Sem a respiração profunda, você não terá os ingredientes necessários para reordenar o seu processo mental. Quando você respira profundamente e olha de novo para a mesma situação, você já olha com uma nova perspectiva. E desta nova perspectiva, você já tem, incluída na mente, o equilíbrio. O estado da sua mente é refletido nas emoções e no estado físico do seu corpo. E uma vez que o equilíbrio, ou a harmonia se estabelecem, portas ou portais se abrem para você. Quando você não é capaz de criar sua própria ordem, você não vai enxergar as portas disponíveis. Mas quando você reconhece que existe potencial na harmonia, uma harmonia ainda superior pode se apresentar.

Isso se torna um processo de refinamento espiritual, onde você refina a si mesmo. Com isso, você tem uma perspectiva mais ampliada sobre a vida.

A mente é muito complexa. Um pensamento nasce a cada momento. Alguns pensamentos são formados em níveis bastante elevados e outros em níveis muito primitivos. Alguns pensamentos brotam da inteligência do coração e vem direto do espírito. Alguns pensamentos nascem de desentendimentos emocionais. É importante que você entenda que, enquanto alma, você é dono da sua mente. Você é capaz de interferir nesta ferramenta. Ela é sua.

Você tem o poder de discriminar. Discriminar e escolher os pensamentos com os quais você quer viver.

Seus pensamentos atuam como comida, vão agir como nutrição para o seu corpo emocional e físico. Sendo assim, a discriminação mental é uma qualidade muito interessante de se desenvolver, que consiste na habilidade de se escolher os próprios pensamentos.

Para que pensamento vou dar atenção? Que pensamento escolho expressar e, portanto, empoderar? Pergunte-se. Pergunte o tempo todo: "Como escolho me expressar?".

A discriminação mental é também a habilidade de escolher que pensamento quero ignorar. Por que se você não ignorar este pensamento agora, você sabe que vai, emocionalmente, descer ladeira abaixo. Permita que, quando você enxergar o pensamento, você possa dizer: "Este não me serve". Permita que ele vá para bem longe de você.

A discriminação mental pode ser um processo bem difícil de colocar em prática. Mas tenho certeza de que você já consegue perceber o benefício e o potencial dessa atividade. Essa habilidade de discriminação mental vai dar muito poder ao seu dia a dia. No entanto, também carrega em si muita responsabilidade, uma vez que vai dar maestria sobre o seu processo físico e emocional. Condições físicas e emocionais. Sabendo ou não disso, nós estamos dia após dia ganhando maestria sobre a nossa própria vida. Isso requer maestria sobre a própria mente, maestria sobre as emoções e maestria sobre o corpo físico.

Muitas pessoas estão altamente envolvidas com seus corpos físicos, mas se esquecem de que ele vem acompanhado do corpo emocional e do mental. É impossível atingir, chegar a vibrações mais elevadas, se você ainda não desenvolveu maestria sobre as vibrações inferiores.

Sua mente está atada pelos pensamentos que sua experiência atraiu. Sua mente não é livre. Ela é prisioneira das próprias experiências. A única parte que é livre é a sua alma, sua essência verdadeira. E o espírito, no seu coração, vai continuamente inspirar você para que você perceba qual pensamento é útil e qual pensamento já está pronto para ser descartado.

Este é um processo de ordenação da mente. Quanto mais se ativa este processo, mais fácil fica distinguir entre um pensamento útil e um pensamento inútil. Em outras palavras, um pensamento que já está íntegro e um pensamento que ainda está incompleto. É assim que funciona.

Nossa mente tem um efeito profundo em todos os aspectos da nossa vida. Quando existe uma disfunção na minha mente por conta de um medo, deixo de funcionar corretamente. Essa disfunção, que já está na mente, vai se refletir nas emoções e no meu corpo físico.

Os seus pensamentos, as suas atitudes, os conceitos que você guarda como sagrados, dão contorno ao seu corpo físico e a tudo o que está contido nele. Seus pensamentos também influenciam suas expressões emocionais. Seus pensamentos podem te curar e também podem te matar. Tudo. A engenharia começa no pensamento.

Para que a mente possa estar cada vez mais associada à inteligência do coração, é do nosso maior interesse gerar esta organização mental. É preciso começar a identificar qual pensamento funciona como uma medicina para uma determinada situação. É necessário, para isso, que estejamos apoiados nas qualidades do coração. Isso significa escolher conscientemente um pensamento que cancele automaticamente o pensamento doente anterior. Isso não só te restaura no seu entendimento, mas restaura também sua saúde.

Existe uma quantidade avassaladora de pensamentos negativos fluindo por aí. Tem a ver com preconceitos, atitudes e opiniões. Tudo isso circula na consciência coletiva. Você é afetado por tudo o que circula nesse lugar pelo simples fato de viver numa cidade, numa comunidade. As energias que circulam nessa frequência não nos elevam. Pelo contrário, elas são negativas.

Elas ativam a espiral descendente. Onde quer que você se sinta triste, melancólico ou adoecido, você se encontra na espiral descendente. Na medida em que você pega carona na espiral descendente, você vai sendo

cada vez mais distanciado da verdade, vai se retirando do amor.
Por isso que escolher um pensamento que vibra na positividade é tão importante. Assim que você escolhe pegar carona na espiral ascendente, você começa a ficar mais próximo da própria força vital. Mais força vital, mais possibilidade de cura. Você, como indivíduo independente que é, é capaz de gerar cura para si mesmo. Quando permitimos que a poluição mental flua através das nossas mentes, e a gente fica com aquele pensamento fixo por semanas, ele começa a se acumular dentro da própria cabeça, da própria mente. E começa a prejudicar as funções mentais e cerebrais, até o ponto de estresse.
O estresse nada mais é do que uma congestão de poluição. Essa congestão comprime e impede que a força vital atravesse, viaje pelo seu corpo. Muitas pessoas trabalham na harmonização dos chakras. Na verdade, este trabalho não se mantém porque a pessoa não trabalha na limpeza da poluição. Muitas pessoas querem a expansão da consciência, mas não querem atravessar o próprio lodo. Este trabalho interno é um requisito essencial.
Por isso, posso afirmar hoje que o planeta Terra é a escola de mistério da iniciação. Não é que você não sabe. Você sabe.
Todos nós já fomos muito desenvolvidos em vidas passadas. Agora o desafio é liderar a si mesmo, navegar os sete mares de volta para casa.
Respeite a si mesmo em vez de respeitar uma autoridade. Ainda assim, a maestria não é tarefa fácil em nenhum momento.
Vocês entendem o que quero dizer quando digo sobre a travessia dos sete mares? Quais são esses sete mares? São os sete chakras. Cada chakra é um oceano, um novo oceano de uma experiência totalmente inédita. E é isso

que viemos aqui ganhar maestria, sobre limpar os detritos que estão em cada oceano. O chakra do coração acelera a evolução para a maioria das pessoas. No chakra do coração estamos conectados ao amor e aos sentimentos. Não são as emoções no chakra do coração, são os sentimentos. Quando o amor incondicional se torna seu ponto focal, isso significa que você já está no movimento ascendente da espiral.

Num relacionamento íntimo com outra pessoa, quando você expressa o amor do coração, esse sentimento permeia a experiência e permite que este amor flua. A forma como você expressa esse amor por alguém faz com que essa expressão se torne sagrada. Você convoca nessa expressão outra qualidade vibracional. O único requisito é que você ame a pessoa e a pessoa também te ame.

Esse amor que vai e que vem não é perfeitamente compreendido neste planeta. Quando o amor se torna poluído por pensamentos de posse, o amor, em si, se torna extinto. É a mesma coisa se você expressa a energia numa relação entre o coração e o plexo solar. Quando você aprende a coordenar esses dois centros de energia, sua expressão de poder pessoal que está no plexo solar, que vem através do coração, vem de uma forma amorosa. Dessa maneira, você eleva o uso do seu poder pessoal. E quando você fala a verdade para outra pessoa, você fala através do seu chakra laríngeo. Da mesma forma, suas palavras se tornam mais elevadas, pois elas ganham a qualidade do coração. Assim sendo, você eleva o patamar da qualidade da expressão. O efeito é benéfico.

Se você usa o chakra do terceiro olho em sintonia com o coração, você começa a ver, inclusive de forma clarividente. Isso só pode acontecer quando você estiver numa relação legítima com o coração. Você começa, de fato, a perceber o reino espiritual. Você consegue enxergar quem é o outro. Você é incapaz de reconhecer a negatividade no outro, você só enxerga o positivo. O amor não tem olhos para enxergar a escuridão como real. Quando este seu olho está numa relação legítima com o coração, você apenas consegue apreciar a divindade no outro, ainda que o outro desconheça sua própria divindade. Então, assim, sua percepção entra em outro patamar de observação.

O chakra do coração é o ponto focal mais benéfico na nossa existência atual. Esse campo eletromagnético de consciência começa no chakra da base, no chakra raiz, que é onde estão todos os nossos registros de identidade. À medida em que esta energia se movimenta para cima, através do tubo da coluna, ela vai subindo pelo segundo chakra, pelo terceiro e, à medida que ela se movimenta se pergunte: "Como estou me sentindo?", "Como estão essas emoções?". E se você não se sente bem, é tempo de abrir uma reflexão e perguntar-se: "O que está acontecendo aqui?", "O que está impedindo de eu me sentir feliz?".

Talvez você esteja acessando algo do seu passado que você ainda não conseguiu entender, reorganizar corretamente. Você pode verificar cada movimento a partir do coração. Você vai encontrar, com muita facilidade a partir do coração, compaixão por você mesmo. E quando encontrar por você, para o outro vai ser mais fácil. Dessa forma, o aprendizado é mais acelerado. Você começa a observar que você começa a ajustar as suas atitudes como se fosse uma dança.

Nós estamos na 4-D, mas nossas mentes ainda operam no padrão 3-D. Nós vivemos numa mistura entre ilusão e verdade, quase que numa esquizofrenia entre ilusão e verdade.

O entendimento alquímico acontece a partir da experiência de tudo. Aprendendo no momento a expressar amor onde antes o medo reinava. Isso é processo de integração.

» *O entendimento alquímico acontece a partir...?*
Tem a ver com discernimento, o seu discernimento. Não o discernimento de qualquer outra pessoa, mas o seu. Ele pode estar correto, pode estar errado. Se ele estiver errado, você vai descobrir e vai ter a chance de corrigir.

É muito importante que nos tornemos conscientes que em cada ser humano coexistem a natureza animal e a natureza divina. Por conta da educação que recebemos, das tradições, de todo esse processo que divide as coisas, invariavelmente a natureza animal é muito mais forte do que a natureza divina. Por exemplo, a natureza animal reluta em perdoar. Essa natureza, ativa, nos torna demoníacos, escuros ou simplesmente antissociais.

A divindade representa a conexão com o coração. É muito fácil ser compassivo quando você encontra essa conexão. Quando o animal e o divino em nós se conectam, ganhamos uma conexão alquímica de nós mesmos. Começamos a reconhecer nossa própria verdade. Esse é o ponto onde você ganha a chance de escolher.

Vou colocar uma questão para vocês: Qual natureza você vai expressar? A animal ou a divina? Você pode responder isso por você mesmo. Não existem regras. A vida é um fluxo continuo de escolhas baseadas em livre arbítrio. Você pode escolher se expressar com a escuridão e com a luz.

Hoje nosso planeta está adentrando um campo vibracional mais elevado. Tudo está sendo estimulado por conta deste campo vibracional, incluindo as polaridades da natureza – terra, fogo, água e ar.

A maioria de nós sofre com isso, não sabe muito bem o que fazer. Mas não importa qual situação de vida você possa ter atraído, é importante que você perceba que você trouxe isto para sua vida. Então não há porque reclamar. Sua alma trouxe isso para que você pudesse viver isso. Basicamente, isso é oportunidade. Caso você esteja consciente ou não, segue sendo uma oportunidade. Que oportunidade? A de que cada experiência traz em si, escolhas. "Vou enxergar aquilo que sempre enxergo ou vou enxergar algo novo?", "Estou reagindo ou dançando com essa situação a partir da minha natureza animal ou a partir da minha natureza divina?", "Estou respondendo com raiva, com ciúme, com mesquinharia?" ou, "Estou conseguindo enxergar o outro lado das coisas?".

Muitas pessoas se envolvem em projeção de culpa, fofoca. Elas estão respondendo com mentes cheias de medo. É preciso aprender a responder a partir do coração, e manifestar a compaixão necessária, no momento necessário ou o respeito necessário.

Suas respostas emocionais criam o seu destino. Por favor, reflita sobre isso. Dependendo das suas escolhas diárias, você assenta o caminho para o paraíso e para o inferno. Tijolo por tijolo. Alguns pensamentos se apresentam em nossas mentes vindos de vidas passadas, ou algumas sementes plantadas na nossa alma em vidas passadas eclodem nesta vida. Algumas dessas sementes das vidas passadas podem ter um efeito cármico na nossa vida atual. Isso não é punição. É uma oportunidade para a alma fazer escolhas. À medida que você é capaz de fazer este reajuste, você atualiza a sua consciência.

Para uma alma desenvolvida, os eventos da vida são vistos como uma oportunidade dourada de adquirir novas competências na mente. Curar o passado é crucial para que a ascensão da consciência aconteça.

Não importa o que aconteça na sua vida, abrace com compaixão, com consciência, e escolha de maneira inteligente. Dessa forma, você começa a plantar sementes para um destino superior.

» *O que você chama de inteligente?*

Inteligência tem a ver com a reunião de tudo que se apresenta na sua vida. Quando você é capaz de se ver no outro. Isso é união. Não significa que você é obrigado a conviver com essa pessoa, mas você aprecia. Você consegue ser gentil e respeitoso. Esse é um modo de vida inteligente e baseado no coração. A mente é intelectual. Somente o coração é inteligente. Por isso, sempre recomendo que a mente precisa se manifestar através do coração.

» *Não entendi muito bem sobre a travessia dos sete mares, os sete chakras. Você tem que passar por todos eles?*

É simbólico. Você precisa passar por todas as experiências náuticas. Você precisa ter passado por uma grande tempestade em alto mar, você precisa saber o que é um belo naufrágio.

» *Cada chakra é como se representasse um obstáculo?*

O primeiro chakra tem a ver com a sua identidade. Você vai atrair experiências de acordo com esta identidade. Sua alma vai atrair a situação para que você possa vivenciá-la.

No segundo chakra, você se torna consciente da sua força criadora sexual. Se você não tem problema em compartilhar suas ideias criativas e em expressar isso livremente, está tudo bem. Se existe restrição na sua liberdade de auto-expressão, ondas emocionais vão te controlar. E esse é um problema que todos nós seres humanos vivemos, porque todos nós temos nossa liberdade restrita por informações falsas. Ainda temos dúvidas sobre quem realmente somos. Mesmo que possamos perfeitamente fazer isso por nós mesmos, ainda estamos esperando pelo salvador ou pela salvadora. Nós ainda estamos presos a ensinamentos religiosos que dizem que a divindade está lá fora, atrás de uma nuvem, esperando para salvar a gente. Isso pode até ser parte da verdade total, mas outra parte é que nós somos um pedaço dessa divindade.

Fomos forçados pelo nosso sistema educacional a acreditar que somos o que não somos. As crianças são estimuladas a competirem umas com as outras por nota. Isso é uma loucura. Ninguém é melhor do que ninguém. Somos todos a mesma coisa. Estamos em diferentes estágios de desenvolvimento, temos todos o mesmo equipamento instalado.

» *Crianças que estão nascendo agora têm apresentado qualidades que fazem com que elas tenham mais facilidade em superar estas questões?*

Muitas das crianças que estão encarnando no planeta agora já são de 4-D e inclusive de 5-D. Muitas delas, portanto, não reconhecem polaridade. Eles vêm direto de reinos que já vivenciam a unidade e não entendem nada sobre essas pessoas brigando umas com as outras. Os pais transmitem a essa criança a programação que eles receberam. Por conta da programação, essas crianças esquecem quem elas são. Nós precisamos ter uma conduta diferente com essas crianças, precisamos respeitá-las como seres de extrema luz. Não diga a elas o que fazer, pergunte a elas o que você deveria estar fazendo. Elas vão dizer a verdade. Elas conseguem falar a verdade diretamente, livre de diplomacia. Apenas observe suas reações emocionais. Respire profundamente quando você ressoar com sua própria verdade.

Vamos falar um pouco mais sobre a consciência de aquário.

Alguns exemplos de como você pode servir neste mundo:

Você pode ser de grande ajuda quando aprende a reconhecer as perspectivas que habitam nas outras pessoas. Em vez de resistir ou criticar, apenas procure funcionar a partir do coração. Quando você emana energia do seu coração, você emana luz. Essa emanação natural tem um efeito muito mais potente do que a reclamação. Não podemos mais dar atenção ao medo. A superação do medo é um esforço privado e, ao mesmo tempo, é a lição mais essencial que sua alma te dá.

Todo mundo, antes de vir para cá, fez um contrato de alma. Se, na sua alma não existe nenhum registro sobre a experiência com o medo, essa alma se torna curiosa: "Nossa, o que é o medo?" Você escolhe pais que estão fortemente programados nessa qualidade, encarna com eles e geneticamente vem com os medos codificados. O jogo se torna algo como "vamos aprender a ser mestres deste medo". Mas como ninguém nos ensina isso na escola, não exercitamos isso desde pequenininhos.

A mesma coisa acontece com a aprendizagem sobre confiança. Confie na sua experiência. Ela veio para você. Siga a intenção da sua alma. Você se torna muito rapidamente contente. Você se torna mais pacífico.

Nunca subestime o poder das suas contribuições nesse aspecto. Quando você se lembrar de que tudo neste planeta está esperando para se tornar consciente de si, e todos aqui estão nessa mesma jornada de alma, você vai ver que a questão crucial aqui consiste em aprender a apreciar todas as formas de vida. Respeitar cada uma. Animais também são almas. Assim como nós, eles também estão unidos à fonte. Não apenas os cachorros e os gatos, mas todas as espécies. Os animais sabem que o amor é o caminho. Eles nos mostram o que é o amor. Eles não ficam negociando condições: "Olha, eu vou te amar se você fizer assim, assim comigo." A sensibilidade dos animais está muito próxima da sensibilidade dos humanos. Mas eles estão livres de algumas faixas de características que nós humanos adquirimos, como a aspereza, a amargura, a crueldade. De certa forma, a inteligência deles chega a ser superior à dos humanos. Os animais são mais sensíveis à energia. Assim como nós humanos, eles também são multidimensionais.

Vocês já ouviram falar do conceito a respeito de nós mesmos, de sermos multidimensionais? Isso significa que outros aspectos seus coexistem com essa existência em outras dimensões. Na 3-D, é mais difícil se conectar com os outros aspectos de si mesmo. Já na 4-D, isso vai ser ainda mais fácil. Isso significa que existem onze aspectos de você mesmo vivendo em outros reinos, aprendendo as lições dessas outras dimensões.

Na 4-D e 5-D, o ser multidimensional se reúne de novo. Algumas pessoas sentem: "Nossa, o meu anjo pessoal está muito próximo". Na verdade, isso já é a percepção do ser multidimensional. Telepatia, por exemplo, para os animais, é muito normal. Para os humanos é muito possível, mas ainda não está muito desenvolvido. Os animais adoram brincar com os espíritos da natureza. Eles também enxergam o plano astral, enquanto nós humanos temos um baixíssimo entendimento sobre tudo isso. Assim como os humanos, os animais também se desenvolvem em outras formas de vida mais elevadas. Alguns animais são mais desenvolvidos que os humanos, assim como os elefantes, as baleias e os golfinhos. Esses animais têm seu ser imerso numa outra natureza dimensional. Animais muito próximos na relação com os humanos, como os domésticos, estão se preparando para que entrem como humanos na sua próxima encarnação. Tudo isso acontece junto, ao mesmo tempo.

No princípio, nos foi dito que todos os animais viviam juntos e em paz. Foi a força da escuridão que criou a consciência do predador. Não apenas nos animais, mas também entre os humanos. Vocês poderão também identificar os predadores de cada país entre os humanos.

Todos os animais estão sob os nossos cuidados, inclusive aqueles que criamos como comida. Como demonstração de iluminação, parte do seu processo de iluminação consiste em terminar a própria vida em sacrifício pelo nosso alimento. Nenhum animal aceitaria ser apartado da sua família, ser usado como comida e ser enjaulado num zoológico. Tudo isso também está em mudança agora.

À medida que este fluxo de luz começa a se intensificar, as pessoas começam a se dar conta do que está acontecendo. Muita coisa vai acontecer nesse ano. Muita coisa. Tudo começa a mudar. Todas as exposições já foram colocadas em movimento. As raízes mais profundas da escuridão vão agora ficar mais soltas e vão começar a emergir. O desenterramento dessas raízes acontece, em especial, por causa de tantas crianças que estão chegando em altíssima frequência vibracional.

Por favor, não se esqueça de que todos nós viemos para este mundo para amar o que acontece. Não fomos bem sucedidos nisso antes. Pelo menos até agora. Por que não? Porque permitimos que o medo controlasse nossas mentes. Permitimos que o medo controlasse nossas atitudes. O medo é a força que separa. Isso precisa ser compreendido.

A força da compaixão que habita o seu coração pode curar o medo. Não existe separação. Isso é uma ilusão. Você não pode se separar de ninguém que já conheceu.

Aqueles entre nós que já têm um entendimento do que está acontecendo, e por mais que tenham consciência não estão fazendo o movimento para frente, todas essas pessoas vão desaparecer do planeta. Você pode até viver a experiência de ver pessoas desaparecendo diante dos seus olhos. As frequências que se recusam a acelerar vão começar a perder velocidade na espiral descendente até que elas desaparecem.

Cientificamente falando, aqueles que se desaceleram simplesmente não participarão do processo de ascensão. Aqueles que sabem que estão se acelerando no processo de ascensão, para essas pessoas tudo parece natural. Por favor, estejam preparados para a realidade de que nem todos vão querer acelerar, nem todos vão querer acompanhar, nem todos estão interessados em descobrir o seu lado espiritual. É preciso aprender a aceitar isso também. Permita que essas pessoas adotem seus próprios caminhos. Podem ser pessoas que você ama muito. Mesmo assim, eles não querem saber disso. Aceite. Respeite. Essas pessoas só precisam de um pouquinho mais de tempo. Nada mais.

A ascensão não é uma mudança total e espontânea. O processo de ascensão é uma extensão entre o que foi e o que será. É um processo de criação de novas formas de pensamento. Uma nova forma de pensar que vai começar a se desdobrar gradualmente. É quase como um desabrochar de uma flor, que vai abrindo cada pétala de conhecimento para o próprio ser. Aqueles de nós que já estão realmente de saco cheio desse mundo, estão disponíveis para se preparar para um próximo jeito de viver.

O fato de você estar nesta situação limite, já mostra que você tem em si uma consciência numa profundidade muito maior. Essas pessoas conseguem ver a beleza e apreciar a magia em cada instante. Você começa a viver o processo de ascensão e apreciar tudo o que te circunda. Essas pessoas sabem sonhar. E podem sonhar de novo, inclusive sonhar dentro do sonho e tornando o sonho físico. Manifestando o que sempre quiseram. Viver a ascensão, não pensar sobre a ascensão. Esse é o caminho. Carma não existe. Não existe na 4-D, só na 3-D. É compreendido nas frequências mais elevadas que criar algo contra outra pessoa e sem o consentimento dessa outra pessoa, simplesmente não existe, não é feito. Isso nem sequer existe na mente da 4-D. Então se assim é, não há mais necessidade para carma na 4-D. Porque a negatividade não tem espaço nessa frequência. Por que não? Porque você já tem esse repertório da 3-D. Para você passar para 4-D, você precisa já ter experimentado um pouco de tudo da 3-D. E já deu pra você.

Esse momento limite está acontecendo agora. A consciência coletiva de 3-D está começando a se dar conta de que foram muito enganados, por muito tempo. O que eles achavam que era sonho, era poluição inventada pelas autoridades. Agora, o trabalho é se voltar para si mesmo e começar a criar o sonho que você sempre quis.

A reencarnação é entendida como um processo linear na 3-D. Não há reencarnação na 4-D. Na 4-D este tipo de entendimento não é mais válido. É preciso se acostumar a um novo tempo na 4-D. E o tempo é agora. Sempre agora. Não existe outro. O passado é ilusão e o futuro também. O futuro ainda precisa ser criado e ele precisa do agora para ser criado. Quando você cria no agora, o próximo agora vai estar em sintonia com este agora que em breve vai ter sido passado. Assim você entende a vida de uma nova perspectiva. Você percebe que todos os tempos coexistem simultaneamente. Não existe passado. Nessa existência simultânea, toda a vida existe simultaneamente. Para escolher uma vida e poder vivenciar determinadas lições, basta que você esteja aberto às experiências e às lições que se apresentam com elas. Certo? Onde você coloca seu foco, ali se torna sua experiência. Quando você sabe que é assim que funciona, você aprende a focar exatamente no que quer. Você não permite que sua mente te desvie do seu caminho.

» *O que significa ascensão?*

Significa que você eleva o seu entendimento um pouco mais. Por exemplo, se tem alguém que está irritado com você e está arremessando raiva em cima de você, você tem uma escolha: você pode se defender com o medo que essa raiva produz, e você ataca este indivíduo, ou você percebe, porque você está enxergando mais de cima, que esta pessoa também tem um problema e talvez você possa ajudar.

Essa perspectiva mais elevada permite que sua criatividade entre em cena, e que você possa criar harmonia a partir dela. Um sinal de que você está no caminho da ascensão, é quando você é capaz de harmonizar criativamente algo. Até que finalmente você aprende a harmonizar tudo, tudo o que é vida no planeta. Por onde você passa, de certa forma, você deixa uma espécie de assinatura sua de harmonia. Esse seria um exemplo de ascensão. A ascensão não significa que você vai a um lugar especial. Você pode ascender bem onde está. Na verdade, é muito fácil. É a gente que faz as coisas bem difíceis. O que complica a historia são todos esses pensamentos em desequilíbrio que povoam nossa mente. Mas quando você sabe que para onde vai sua atenção, lá também vai sua experiência, você começa a viajar com mais responsabilidade, e mais rápido. Essa ordem sequencial na sua vida não vai mais existir. Tudo isso também vai mudar. Quando seu foco se torna essencial e primal, aí tudo é possível. Qualquer linha de tempo é possível de ser vivida, qualquer dimensão. Qualquer tipo de experiência é possível, basta que você coloque seu foco nela.

Nós somos o sistema. A gente se esqueceu disso. Entregamos nossa autoridade para os outros e eles aproveitaram e saíram correndo com a nossa energia. Não é culpa deles, é nossa culpa. Fomos nós que simplesmente entregamos o melhor de nós para alguém usar como eles bem entendem.

Se somos o sistema, então os valores aqui presentes precisam estar em sintonia com os valores espirituais. Por isso, é preciso remover tudo que gera desigualdade, gera separação. É ilusão, não existe separação. Somos parte um do outro. Isso começa quando você começa a acreditar em você mesmo e manifesta sua verdade através da qualidade de serviço que você oferece para todos aqueles que convivem com você. Essa é a questão central que nos concerne a todos: a qualidade que oferecemos.

6

QUALIDADES E VALORES

Eu gostaria de falar um pouco para vocês sobre as qualidades e valores que habitam em nosso coração. É de importância primordial nessa jornada que ainda temos pela frente de deixar de nos preocupar com o mundo externo. Tome uma decisão sobre isso. Não entre nem na dúvida, nem na confusão e nem no medo. Pare de reclamar que o mundo está uma confusão, uma bagunça. Em vez disso, mantenha uma lente positiva. Vislumbre o futuro com tintas de otimismo e entusiasmo. À medida que tudo muda, as oportunidades mudam. Ainda que o mundo lá fora esteja refletindo o caos, isso nada mais é do que o resultado do acúmulo histórico da ignorância humana. Isso não é real. Só se tornará real se você escolher dar energia para isso. Cada vez que você afirma: "Ah, o mundo realmente está uma bagunça", você energiza essa realidade. E quando você fala alternativamente: "Nossa, o mundo está no processo de se auto curar", você energiza um outro jogo. Não se esqueça de que o mundo é você.

Quando você se reconhece no processo de se tornar cada vez mais consciente, assim você será. Lembre-se: você está energizando esse processo de restauração.

O mundo, como assistimos, nada mais é do que maia, ou ilusão, ou passado. Quando você se recorda de que você é um ser criador, de que o que você pensa, você cria, você se torna um pouco mais cuidadoso com o que pensa. Comece a perceber que você está criando a partir do seu pensar. Agora que a luz está acelerando, as criações também se manifestam cada vez mais rápido. É bom aprender sobre a lei.

A lei universal nos lembra, assim como é dentro, é fora. Assim como é fora, é também dentro. Se você se tornar consciente da sua divindade e expressar rapidamente o que está fora, isso também se torna divino. Vivemos num universo refletido. Precisamos ver o reflexo de nós mesmos nos olhos do outro. Você nunca se reconhecerá se não for pelo reflexo no espelho. E no final, lembramos que somos um e o outro ao mesmo tempo.

Agora deixa de ser recomendável olhar para fora de si. Olhe para dentro de si. Faça o trabalho interno. O que é o trabalho interno? O primeiro trabalho interno resumido num valor é: apreciação. Apreciação por tudo o que está em você. Você tem uma mente. Você tem emoções, você está em movimento contínuo. Comece a apreciar a si mesmo. Depois que você aprender a apreciar a si mesmo, você será capaz de reconhecer o outro. Antes disso, é impossível. Então comece a entrar em contato com seus valores internos. Valores que sempre te habitaram, mas para os quais você não estava muito atento.

Todos os seres espirituais contêm os mesmos valores. Todos agora em corpo físico. Colocar em prática esses valores ajuda o processo de desenvolvimento. À medida em que colocamos em prática, reconhecemos nossa verdadeira natureza. Como resultado a uma atitude positiva diante do que acontece, esse resultado começa a se traduzir em algo cada vez mais normal e natural na vida.

É preciso aprender a lidar com o negativo. Como lidamos com o negativo? A única forma, o único caminho, é através do coração. É preciso abrir o coração. Não busque na mente. Abra o coração. O mesmo é necessário quando você está diante de um desafio ou se precisa lidar com algo que está te desagradando em outra pessoa. O coração é a resposta. A mente nunca terá a resposta. O coração, sim. Aprenda a apreciar, ainda que seja difícil enxergar.

Quando você faz o trabalho interno, você também usa, nesse processo, seus valores internos. E você começa a se desenvolver. Vou enumerar esses valores.

O primeiro valor que se apresenta é o da apreciação. Aprecie tudo que se apresenta na sua vida. Faça disso seu trabalho. Pegue um pedaço de papel e comece a tomar nota de tudo que é bom na sua vida. Aprecie isto. Torne-se grato com o fato de que isso está na sua vida. Não espere nada de ninguém. Simplesmente aprecie todos os seres como eles são, seres que estão seguindo seu próprio destino. Dessa forma, permitindo a cada um a condução do seu próprio caminho, você aprecia este ser. Por quê? Porque livre arbítrio é a lei para todos. Cada um precisa estar livre para encontrar o seu próprio caminho de vida. Não existe um caminho único. Existem milhões de caminhos. Permita que cada um seja livre, especialmente permita que você seja livre.

Outro valor é o da compaixão. Procure gerar compaixão por todas as pessoas que estão perdidas. São bilhões de pessoas que não receberam educação, oportunidade, não foram educadas como nós. Compaixão por essas pessoas ou compaixão por aqueles que escolheram papéis difíceis na sociedade. Lembre-se, cada um de nós escolheu as lições que precisava para o seu crescimento, para o seu desenvolvimento de alma. Quando isso puder ser compreendido, a compaixão se desdobra naturalmente. Esse valor nos conduz rapidamente ao próximo, que é o valor do perdão. Você perdoa todo mundo e perdoa a si mesmo. Sabe, quando você é capaz de extrair um aprendizado de um erro, esse erro se torna positivo. Isso é transmutação. É por isso que você não reclama, nem de si e nem de mais ninguém. O erro se torna positivo quando você dá a ele atenção suficiente. Mas quando falamos em perdão, não estamos falando em esquecimento. O perdão é necessário, mas isso não significa que você precisa esquecer o que aconteceu. O erro acontece por falta de educação, falta de exemplo, ou de situações opressoras. Todo mundo passa por isso. Vamos perdoar esse processo. Não vamos nos esquecer do processo porque ele te ensinou algo. Essa é uma prática que precisa ser vivenciada. Diariamente coisas chegam até você, coisas que vão precisar ser perdoadas. Quando você aprende a trabalhar nessa tarefa do perdão com facilidade, você chega rapidamente ao próximo valor, que é o da humildade.

Entenda que é dentro, imerso no valor da humildade, que você pode reconhecer a potência dessa alma em criar todas essas experiências para você. Pense no poder dessa alma que apresenta a você todos os atores que vão interagir com você no palco da vida, e ativamente te colocar para participar na sua jornada. Algumas dessas interações são maravilhosas e outras são horríveis. Você precisa de cada uma. Tem bastante drama no caminho. Algumas pessoas adoram o drama. Normalmente, depois que você já se sente intoxicado do drama, você começa a escolher um caminho fora dele. É uma dança. Isso vai dar um contorno ao seu caráter. Você começa a perceber que tudo o que se apresenta não passa de uma oportunidade para o seu crescimento e desenvolvimento, e a humildade te apresenta uma nova perspectiva do que está acontecendo. Ela te traz um entendimento mais profundo. Você começa a entender mais profundamente o papel que representa aqui no planeta. Você começa a enxergar e entender sua responsabilidade individual no processo coletivo.

A vida começa a mudar, mexer a sua perspectiva rapidamente porque, nesse lugar de entendimento, você já não se vê mais separado de nada. Nesse lugar de entendimento é impossível que você se veja como vítima das circunstâncias ou daqueles que estão no poder. Você começa a perceber que todo mundo tem o seu lugar nesse jogo. A luz também tem um papel, o seu lugar. A escuridão também tem um lugar. Quando você entende tudo isso, a dança entre as polaridades fica mais fácil de ser dançada, você dança com mais facilidade entre as energias. Nessa jornada de movimento entre as polaridades, você acessa mais uma qualidade, a coragem.

Essa qualidade significa ter a coragem de agir com responsabilidade sem reclamar e sem culpar ninguém mas, simplesmente, perceber que tudo faz parte de um grande teatro cósmico. Esse é o teatro da vida e todos nós temos o nosso papel nessa peça. Quando temos a coragem de assumir responsabilidade pelo nosso lugar na peça, você assume a posição, a postura de um criador. Você passa a criar cada situação pela qual você deseja passar. Esse é o começo da experiência da liberdade.

A verdadeira liberdade é amor. Quando existe o amor, você simplesmente ama tudo o que acontece ainda que você dê apenas atenção. Ao dar sua atenção, lá vai sua luz, lá vai seu amor. Chega um estágio em que você se sente tão livre, que você cria alegria onde quer que esteja. Esse é um sinal de que o indivíduo já atingiu uma consciência mais elevada.

Para pessoas verdadeiramente livres, essa energia da liberdade está acompanhada do amor, da confiança e da gratidão. Por tudo. Esses são os valores do coração e eles se tornam virtudes como ferramentas. São ferramentas que estão ao nosso dispor. Elas vieram instaladas de fábrica, basta a gente começar a usar. É exatamente para isso que as experiências acontecem, para que a gente possa colocar em prática essas ferramentas, até você entender como o jogo funciona. Quando você entendeu e joga o jogo em perfeita harmonia, você aprendeu o que é 3-D. Em outras palavras, você está trazendo consciência da 4-D para a vida da 3-D.

Isso significa que você é capaz de viver em unidade com todo mundo ainda que o resto do mundo não se sinta em unidade com você. Você vive em unidade em um mundo que é separado. É um teste de grande dificuldade, e todos nós assinamos no nosso contrato de que queríamos passar por isso. Por essa razão, você está com tantas experiências dessa natureza servidas no seu prato.

A cura, a restauração, consiste no processo de encontrar o equilíbrio. O equilíbrio é o estado perfeito de saúde. O equilíbrio não é uma dádiva que vem de Deus. O equilíbrio precisa ser conquistado, precisa de trabalho para acontecer.

O equilíbrio emocional é o maior dos desenvolvimentos possíveis neste planeta. Isso acontece por conta do fluxo de energias em desequilíbrio. Em razão da lua controlar muito as emoções em movimento, é muito difícil estar em equilíbrio neste planeta. Essa energia de atração pode criar muita confusão. Se pudéssemos receber essa instrução científica do efeito da lua sobre nós, seria mais fácil adquirir essa maestria emocional.

O equilíbrio emocional é muito difícil quando você mantém pensamentos de vibração negativa. Quer saber como equilibrar as emoções rapidamente? O equilíbrio emocional é amplificado por amar. Basta praticar amar. Se a pessoa oferece dificuldade, pratique a compaixão. Por isso, a experiência é tão benéfica. Tanto faz se é uma experiência boa ou uma experiência ruim. Você aprende mais de uma experiência ruim do que de uma boa. Então, o que você quer? Aposto que você vai querer uma experiência boa! Eu faria a mesma coisa, mas se uma experiência ruim surgir mesmo assim, é uma grande oportunidade para você equilibrá-la.

Quando desenvolvemos esse potencial através das escolhas de livre arbítrio, automaticamente o pensamento positivo se instala e você passa a criar energia positiva nesse processo. O planeta Terra fica feliz com isso, pois agora você virou um aliado. Observe se você é capaz de criar pensamentos positivos em um mundo impregnado pelo medo.

Justiça social e responsabilidade social ainda estão distantes de nós. Falta muito pouco para que as massas possam entender o que é isso. Quando experimentarmos justiça social, esse será um sinal de que já equilibramos a experiência da 3-D e estamos livres.

Por isso, é importante compartilhar com os amigos o seu entendimento sobre esse novo jeito de viver.

» *Robert, sobre essa questão da lua, dessa energia que traz confusão, desequilíbrio, tem a ver com a questão da maré também? Ou ela é emocional?*

A lua tem um efeito sobre os corpos de água. Temos, de fato, a maré alta e a maré baixa. As mulheres são mais suscetíveis ao campo energético das emoções. Em essência, a lua está posicionada para criar certa quantidade de perturbação planetária. Se você não sabe desse efeito lunar, você pode até, inadvertidamente, viver momentos muito difíceis.

Nos tempos longínquos, a lua cheia era uma fase em que as mulheres se juntavam para discutir as necessidades da sociedade. Essencialmente, a mulher tem acesso à sabedoria mais fluidificada, pois assim ela pode transmitir essa sabedoria ao homem. Mas quando as forças escuras começaram a controlar nosso planeta, a primeira providência foi atacar a conexão da mulher.

A lua é um corpo cósmico artificial e foi posicionada na órbita do nosso planeta há milhões de anos por seres que desejavam controlar a humanidade. A lua ainda controla as emoções das pessoas. É a partir desse lugar que as forças da escuridão facilmente controlam a humanidade.

Nesses tempos longínquos, existiam entendimentos sobre esse efeito de manipulação emocional da lua. Tudo o que era realizado, era realizado com consciência desse efeito, para que se pudesse elevar a consciência acima desse ponto de tensão.

A lua nova marca um momento no ciclo lunar de neutralidade emocional, onde você tem mais liberdade para plantar novas sementes criativas do que deseja ver brotar. Não quero entrar muito em detalhe na questão lunar, mas é mais ou menos assim que acontece.

» *Obrigada.*

» *Robert, com relação aos valores, a gratidão entra no primeiro valor, o da apreciação?*

Para mim, gratidão e apreciação estão muito próximos. Quando você é grato, você já apreciou ser grato. Eles funcionam juntos.

Ainda que exista muita inconformidade ao redor do planeta, existe também o potencial para que se conecte toda essa malha de culturas diferentes em unidade.

As forças da escuridão estão ajudando um pouco neste processo. As ameaças de guerra e manipulação da pobreza despertam a humanidade. Pressionada ao limite extremo, a humanidade invariavelmente escolhe algo diferente. Todos nós, humanos, somos afetados por essa ameaça de guerra. Por favor, lembre-se da lei: a energia sempre se movimenta na direção para a qual ela está sendo direcionada. Para que a cura daqueles que sofrem aconteça, para que a paz possa ser possível através da negociação, o que pode servir a essas pessoas oprimidas, muito mais do que a luta, é a energia da meditação e da prece. Isso ajuda a reconciliar as culturas no nosso planeta.

Todos nós somos influenciados pelo tipo de informação que escolhemos absorver, seja ela positiva ou negativa. A mídia tem um direcionamento sempre negativo nas suas emissões. É altamente recomendável se libertar da mídia. Solte a mídia. Você descobrirá que nas mídias alternativas têm muitas coisas positivas acontecendo ao redor do mundo inteiro. Temos Internet, temos WhatsApp, podemos nos conectar com todos ao redor do planeta. Você pode perguntar como a pessoa se sente, pode dizer como você se sente. Você vai perceber que a família está espalhada em todos os cantos. Existem esforços bem sucedidos em todo canto do mundo. Imaginem como vai ser esse planeta quando a gente for capaz de criar a paz? Paz num mundo que não tem memória de como eram os tempos antes das guerras, há milênios.

A humanidade está a um passo de transformar esse mundo num mundo de união, de unidade. Todas as religiões vão precisar ser revisadas e harmonizadas. Gentileza se torna o novo caminho.

A luz é o mesmo que amor. São duas faces da divindade. Amor significa entendimento. Luz significa conhecimento. Apenas a luz é a chave para se chegar à harmonia. Por isso, precisamos buscar o conhecimento, para que através do conhecimento adquirido possamos encontrar a sabedoria e expressar a nossa voz de entendimento. E aí, as mudanças ocorrem. A luz é a única chave possível. Quando você expressa essa luz, você é a diferença. Só isso é necessário: expressar-se de maneira diferente do que você costumava fazer.

Muitas pessoas se tornam inspiradas de dentro para fora, começam a aparecer essas ideias, e começam a produzir mudanças no mundo que é próximo a elas. Essas mudanças em seu mundo já criam uma distribuição de luz. Você conhece a si mesmo, você sabe o que uma atitude de gentileza produz numa interação.

Quando você entra no seu jardim e entra com essa qualidade do cuidado e do carinho para cuidar das suas plantinhas, o resultado é totalmente outro. Simplesmente viva a partir do coração. Isso gera uma enorme quantidade de luz ao seu redor. Podemos fazer mais do que ser a diferença. Simplesmente reconheça que você é a diferença.

Se você tem energias na sua mente que ainda estão amargas ou raivosas, remova rapidamente essas vibrações, porque elas emitem vibrações de baixíssima frequência. Você substitui essa vibração que não tinha ainda recebido sua atenção por uma vibração de mais alta frequência. Por exemplo: você pode se perdoar por ter entrado num conflito. Só isso. Você entra no seu jardim e abraça aquela pessoa. Agora sua alma já recebeu a informação: "Ah, eu não quero mais essa experiência de brigar".

O jogo não é com o outro. Eles são atores do seu palco. O jogo é com você. Você não cai mais nessa armadilha da dúvida, da confusão, da raiva.

A vibração atual em que vivemos está nos pressionando para que a gente descubra quem nós somos. É autoconsciência. Perceber quem sou eu. Para dizer de forma científica: é o processo de conectar a mente consciente com o coração. É só isso.

As pessoas precisam compreender que seus pensamentos e seus sentimentos são energias. Se você está pensando, esse pensamento emite uma onda que vai entrar na consciência de massa e vai trazer de volta um espelhamento, algo parecido com o que você está pensando.

Por isso, é muito importante que você se esmere na arte de escolher os seus pensamentos, porque você vai precisar experienciar o que você pensa. Precisamos tomar consciência dos nossos medos. O medo vai te atacar inesperadamente.

Sua luz e seu poder estão no instante, no agora. Quando você imagina aquilo que deseja viver, e visualiza aquilo que está em separação, você, na imaginação, já vê isso se reunindo, se transformando nessa reunião em harmonia, em amizade. Esse tipo de criação que você é capaz de fazer, vai afetar vibracionalmente o planeta, ainda que fisicamente não se manifeste. Isso vai afetar também o indivíduo de uma forma positiva.

Através dos seus pensamentos e ações, você é capaz de produzir uma mudança energética com o objetivo de que seu próximo momento esteja liberto dessa influência negativa. Assim sendo, você é capaz de redesenhar sua vida.

Tudo aquilo que é difícil para você, você volta e visualiza no seu jardim. Mas, dessa vez, você dança diferente, você dança com harmonia. Sua alma está testemunhando sua imaginação, e falando: "Olha, está diferente! Você está fazendo amizade!", e começa a atrair situações onde você é capaz de experienciar amizade. Você é capaz de ver, ao vivo e à cores, como você já não é mais ressentido como antes.

É preciso confiar no processo, que é outro valor do coração.

Para poder fazer tudo isso, é preciso ter vontade. Ter vontade de elevar a crença de que "eu sou uma vítima". Você não é vítima. Você é um criador. Você pode conquistar exatamente aquilo que imagina. Tudo aquilo que você imagina, você já é.

Por conta do processo de esquecimento, você não consegue se conectar tranquilamente. No plano da imaginação, você está mais livre do peso do plano físico e consegue se conectar mais facilmente com seu conhecimento.

Por isso eu digo: confie. E também confie em todos aqueles que entram na sua vida, ainda que sejam desonestos. Por conta da sua confiança, você interfere no processo. Esqueça o passado. Ele não existe mais. Você não pode mudar como ele aconteceu.

Você é capaz de harmonizar a experiência na sua vida agora. O passado já foi. Assim, você começa a participar do desenvolvimento de um novo entender. E o lugar para você estar, enquanto você vive esse processo, é no coração, que é o seu lar.

Quando você está no saber do coração, você é capaz de visualizar um futuro melhor para todos nós. Dentro do coração existe um lugar que a gente chama de "lugar de quietude". Quando você entra nesse espaço de neutralidade, você se torna consciente de que é um ser criador, você reconhece que a imaginação é, de fato, um instrumento de criação do que você desejar. Não julgue esse processo enquanto ele está acontecendo. Isso prejudica o resultado.

A lei diz: tudo é possível.

Cada meditação é um processo profundamente individual. Dentro desse espaço interno do coração, é possível imaginar alternativas e outras possibilidades. Apenas eleve-se enquanto você imagina o julgamento que você tem. E se é possível ou não acontecer dessa forma. Imagine e depois deposite confiança. Feito isso, o processo está em maturação para se manifestar.

Se você imagina algo, mas não confia que é possível, esse algo não vai acontecer. A confiança é o poder do coração para materializar coisas. O que quer que seja que você interprete como prosperidade, antes imagine circunstâncias da sua vida e depois imagine a prosperidade fluindo ao seu encontro.

Esteja aberto para aceitar. Aceite a prosperidade conforme ela se apresenta. Bons relacionamentos são sinais de prosperidade fluindo até você. Você apreciando, grato por essa experiência bela. Você ganha uma perspectiva espiritual de como a vida está construída.

Chega um momento em que você quer viver de fato a sua verdade. Você quer ser a verdade. Isso começa quando você escolhe dar um passo para fora do medo. Trabalho interno. Alguém aqui está livre do medo? Veja, tem muito trabalho pela frente, não é mesmo? Então, vá liberando cada dia um medo novo. Todos são ilusões, são projeções que foram feitas em cima de você enquanto você estava sendo educado. Seu trabalho agora resume-se em dar um passo para fora desse quadrado. Dê um passo para fora do doutrinamento, um passo para fora de tudo o que houve no passado, simplesmente porque aquilo não está mais presente agora. Por que reverberar o que não é mais?

Tudo que é bom, permanece no seu coração. Na meditação, começa a se tornar nítido a você o que precisa ser realizado no planeta. Entre em meditação no seu jardim e se faça a pergunta: "Onde eu ainda desconfio?", "Onde eu ainda desacredito?".

Eu apenas sugiro que você faça essa jornada de autoinvestigação interna e que você esteja disposto a se fazer essas perguntas. E se foque na alternativa. Brinque com a imaginação. Diariamente invista algum tempo para entrar no reino da imaginação.

Não somos prisioneiros de uma perspectiva controlada que tantos compram como se fosse verdade.

As imagens que vão sendo enraizadas nas mentes das pessoas – para aqueles que entendem do funcionamento da programação que controlam, abusam e manipulam a humanidade – essas pessoas só podem ser bem sucedidas se você acredita nelas, se você as apoia. Todos esses manipuladores estão sendo sustentados pelas massas. Se as massas deixarem de acreditar neles, eles perdem o poder instantaneamente. Se pararmos de acreditar na autoridade, deveria ser muito fácil criar a paz.

Todo indivíduo tem o direito inato de mudar de perspectiva. Comece a confiar que tudo o que já foi, foi, está no passado, que você se abre para novas possibilidades, uma nova vida, onde as pessoas se apreciam mutuamente, onde você precisa de alguma coisa e existem várias pessoas te estendendo a mão. Visualize essa cena no seu jardim. Esta seria a semente plantada para o novo mundo.

Todos os milagres começam dentro, até o dia em que ele se manifesta no mundo ao seu redor. Você começa a ver um mundo que se desdobra de acordo com sua imaginação.

» *Como o ego participa desse processo?*

O ego é totalmente obediente à programação. A intenção do ego é controlar você a partir da programação que ele contém. O ego precisa ser transformado, mas é complicado porque ele precisa que alguém faça isso por ele. Esse alguém que vai poder reeducar o ego, só pode ser você, tornando-se consciente de si. Quando você começa a ver que no seu ego existem pensamentos que não estão em harmonia com os sentimentos do seu coração, no momento dessa falta de sintonia com os sentimentos mais puros, você vai receber as dicas de que esse ego precisa de uma reeducação. Agora que você já viveu o suficiente para saber o que é negativo e o que é o positivo, você vai observar que a negatividade retorna na sua mente para que você agora tenha a oportunidade de transmutar essa negatividade em algo diferente e mais completo. Assim, você corrige sua mente-ego com pensamentos que você agora aprova. E então, começa o fim do controle do ego sobre você. Jamais queira se livrar do seu ego. Você precisa dele, mas você precisa ensinar a ele uma nova tarefa, que é aprender a discriminar entre o que serve e o que não serve para você. Isso é discernimento. Quando você tem discernimento, você completou sua jornada na 3-D.

» *Na 4-D, você falou que não existe mais o carma?*

Não. Não será necessário, porque todos sabem o que é o amor.

» *E reencarnação?*

Não existe reencarnação na 4-D. Só na 3-D. Na 3-D, a gente reencarna para completar as lições que ainda ficaram incompletas. Mas os indivíduos na 4-D só estão lá porque já aprenderam as lições na 3-D.

A 3-D vai continuar existindo. Aqueles que escolhem acompanhar o processo de ascensão, o movimento de aceleração, adentram um mundo que já funciona em sintonia com essa aceleração. E quando o processo de ascensão termina, o reino da 3-D e da 4-D se separam e não mais se tocam, não mais se veem. Esse momento de decantação está muito próximo. É possível que você perceba que algumas pessoas não aparecem mais na sua vida.

» *Na 4-D não haverá mais essa dualidade?*

Não. Tudo em unidade.

» *O que tem a ver com as palavras de Jesus – "Muitos serão chamados, poucos os escolhidos"?*

Os que escolhem a luz, entram. Os que fazem a escolha a partir do livre arbítrio de estar em sintonia com a luz, assim estarão. Essas pessoas entrarão em sintonia com as vibrações mais elevadas. Deus não escolhe ninguém. Você precisa escolher a divindade em você. Ao escolher a divindade em você, você se torna o(a) escolhido(a), porque você sabe escolher. As pessoas que ainda temem e são governadas pelo medo, não poderão ser escolhidas simplesmente porque não fizeram uma escolha por elas mesmas. O termo bíblico de ser o escolhido significa que antes disso ele mesmo escolheu, em si, a divindade. Você pode se conclamar como um(a) escolhido(a).

É isso que significa ser livre, que é o resultado do discernimento.

ROBERT HAPPÉ

7

REUNIFICAÇÃO É O NOSSO DESTINO

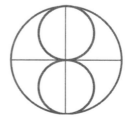

É chegado o tempo de assumir responsabilidade pelo próprio progresso nesse processo de ascensão planetária que já vem vindo há certo tempo e que agora se intensifica. Nele, o processo interno de revisão também fica acelerado. Isso produz mudança. Essa mudança acontece pelo redesenho que você começa a fazer de si mesmo, você vai delineando um novo ser em si. Como você está agora representa apenas 5% da sua legítima realidade. E quanto mais você consegue reconhecer sua real natureza, mais você se torna ela. Essa é uma das oportunidades mais excitantes que chega até nós. Você pode redesenhar a si mesmo para ser quem você sempre desejou ser.

Infelizmente, a maioria das pessoas aqui no planeta ainda não tem interesse suficiente em perceber as coisas dessa forma. E também não tem a predisposição e a disponibilidade de fazer o mergulho interno. Essas pessoas enxergam o caos da vida como algo imutável, e não se sentem chamados internamente para produzir mudança. O que essas pessoas fazem o tempo todo consiste em se esforçar e se debater no caos para conseguir dar conta de algo. Eles mantêm seus empregos, ainda que não gostem deles, porque querem manter seu estilo de vida e status social que vêm sustentando.

Aqueles que estão buscando entendimento superior sobre a vida, que realmente empreendem em soltar o passado e se envolver com o agora, as pessoas que se encontram neste processo de libertação, são bombardeadas por energias negativas. Até os seus melhores amigos se sentem confusos com esse novo comportamento. Essas pessoas experimentam um grande cansaço físico, assim como são fustigadas pelas energias da dúvida; duvidar de si se torna muito comum.

Diante disso, o que agora precisa ser entendido é que as regras do jogo mudaram. Muitas pessoas ainda acham que o jogo é o mesmo de sempre. Se para a maioria já estivesse claro que o jogo mudou, não existiria tanta confusão.

Vamos falar desse novo jogo que se desdobra diante nós. O novo jogo pede que cada um de nós se perceba como ser criador no jogo. Estamos criando nossa própria vida. Você também foi o criador de todas as experiências da sua vida até aqui. Foi você que fez. Quando você sabe que esse é o jogo, você se sente impulsionado a criar de novas e de diferentes formas.

Quando o entendimento sobre este novo jeito de viver a vida estiver profundamente claro em nós, novas decisões poderão ser tomadas. Quando você vive da forma que genuinamente acredita que quer viver, você, de fato, faz valer suas palavras, pois confia totalmente na orientação do seu coração.

Aqueles que afirmam estar íntegros, mas não agem de maneira íntegra, vão se deparar com repercussões cármicas muito rápidas para que possam corrigir esse equívoco. Agora é hora de se responsabilizar pelas consequências das suas ações ou das não ações.

Por outro lado, negar que você tem essas habilidades criadoras e negar, ao mesmo tempo, que é possível viver a partir da sua verdade, essa negação vai criar situações muito intensas para você. Como consequência desse modo de viver, você vai atrair situações que te permitam enxergar a discordância interna dentro de você. Isso também é bom. Na verdade, desde que você entenda que há trabalho a ser feito com o que se apresenta para você, tudo é bom.

Quando você reconhece sua própria verdade, o próximo passo é viver essa verdade. Muitas pessoas intelectualizam a verdade, não conseguem vivê-la. Quando você caminha sobre os passos da sua verdade, você vive uma vida criativa, uma vida de acordo com os sentimentos do que é correto no momento. E você se eleva para jogar o novo jogo.

Não fique arrastando hábitos e rituais antigos para o novo jogo. Não viva mais a partir desses hábitos. Você não será bem sucedido. Alguns hábitos pertencem ao velho jogo, ao velho mundo, e lá precisam ficar. Por isso, quero insistir na questão de olharmos para todas essas questões que ainda nos habitam. Todos as temos dentro de nós.

Toda vez que você estiver em julgamento, conflito ou separação, você ainda está no antigo jogo. Requer trabalho interno. Simplesmente olhe para essas questões que ainda geram separação em você, questões que te separam da unidade com a divindade em você mesmo e com todos os outros.

Quando você aceita que nada no seu mundo está realmente mudando, e o negativo ainda comanda, você reforça essa crença na sua mente. Como resultado, você automaticamente corta conexão com seu próprio poder, simplesmente porque você não acredita nele. Todos temos a capacidade de criar a realidade das nossas escolhas.

Existem lições ao longo do caminho. Para que alcancemos esse patamar de "acreditar em mim", vamos ter muitas lições no caminho. Não é fácil reconhecer a si mesmo neste mundo dual. Não é tão fácil assim reconhecer-se como um Ser Criador Espiritual. Da próxima vez que alguém te perguntar: "Quem é você?", responda: "Eu sou um Ser Criador Espiritual".

Parece quase uma brincadeira falar dessa maneira sobre nós mesmos, pois não estamos acostumados a nos ver assim, quanto menos nos descrever assim. Seres criadores que podem mudar a própria vida, que podem criar o novo.

A única questão necessária para este caminho é confiar. Sem a confiança, você não chegará a lugar nenhum. Você só consegue confiar quando você sabe que cria.

Coragem é uma qualidade interna muito importante de se manifestar agora. Você tem coragem de confiar. Você confia em tudo. Você confia que cada aspecto da sua vida está bem e todos também são bons.

Alguns criadores não tem a menor ideia de quem são, vivem uma vida de zumbi, replicam tudo o que veem, copiam. Mas com confiança você consegue dar um passo autêntico adiante, com coragem, porque você tem confiança de que seu passo à frente vem acompanhado da confiança de que tudo será melhor.

Fato é que você tem muito orgulho do caminho que te trouxe até aqui. Por outro lado, hoje você tem um novo nível de percepção, pois vê esse nosso mundo que se desdobra aos poucos diante dos seus olhos.

Ainda que a realidade aparente ao seu redor te conte outra história, recomendo que você tenha coragem de viver os seus sonhos, de viver sua própria alegria. É muito difícil para maioria. É por isso que é tão importante que indivíduos plenos de si possam mostrar o caminho.

Quando olhamos à nossa volta, é bastante evidente que o velho jogo ainda dá muitas cartas. Mas quando olhamos mais fundo e começamos a sentir as mudanças, e começamos a confiar em tudo o que acontece, você começa a confiar que o que acontece precisa acontecer. Esse é um sinal de que você pisou no novo jogo, de que você começa a ver o jogo, a apoiar esse jogo. Você aponta sua luz para onde ela é necessária. Você coloca atenção nisso.

Entender os princípios universais também é muito importante. É importante estudar essas leis e praticá-las. Eu sinto várias dessas leis enquanto conversamos. É importante tê-las bem claras e praticá-las, porque quando você vive situações em que começa a duvidar da vida, duvidar de si mesmo, duvidar de tudo, as Leis Universais é que vão reestabelecer o seu equilíbrio. Lembre-se, confiança é o caminho.

O que acontece é o que precisa acontecer. Fui parte da criação desta situação. Não lute mais contra o que vem. Aprenda a curar, aprenda a perdoar e a amar. É por isso que você veio, para testar suas habilidades de criar harmonia.

Aqueles que já vivem na confiança estão pacientes na observação e à espera da gestação do novo mundo. Essas pessoas fazem o que está ao alcance delas, o que está disponível para esse processo de reforma.

Aqueles cujas consciências se encontram em sintonia se juntam para trabalhar em conjunto. Aqueles que são capazes de co-criar e colaborar entre si já estão num patamar de consciência mais elevada. Eles estão em integração completa com sua própria alma. Essas pessoas já testemunham de forma consciente as mudanças. Por favor, notem que as mudanças não estão lá fora, elas estão nas suas experiências pessoais.

Enquanto tudo isso acontece, o mundo da 3-D como a gente conhecia está passando por uma desintegração, está se fragmentando. Esse processo não é suave.

Enquanto ele acontece, o seu jogo pessoal deve ser o de se manter atento a si mesmo e não aceitar as armadilhas e os convites para se envolver fora.

Para que você possa reestabelecer o equilíbrio, o caminho de cura interno consiste em fazer seu exercício de reunificação consigo mesmo. O trabalho a ser realizado até que você atinja este patamar de entendimento é o de, primeiro, você reorganizar a trindade interna. Você sabe o que é essa trindade interna?

A mente precisa se integrar com a alma. A mente representa o masculino, a alma o feminino. Quando o masculino e feminino se integram em você, forma-se o canal de conexão com o espírito. Esse era o significado original das mãos juntas em prece: o masculino e o feminino em mim se reúnem diante do templo sagrado do coração, e os dois conectados se unem ao espírito, também conhecido como Eu Superior ou, simplesmente, Amor. Aqui você se conecta com o poder do Cristo ou Força Vital, Energia Inteligente. As respostas se apresentam diretamente desse fluxo de energia límpido.

Positivo, negativo. Masculino e feminino. Quando essas polaridades se unem, a luz acende. Isso significa dar um passo para além da antiga norma, pois agora você está conectado e tem acesso a todo o conhecimento. Você acessa o conhecimento necessário para o momento. Pode confiar, pois isso vai acontecer. É necessário que você pratique isso. Quando você observa que sim, de fato, isso funciona, você começa a confiar mais na sua própria jornada.

Ao caminhar assim, você caminha habitando sua natureza ascendida. É um nível de consciência onde você está permanentemente integrado com seu coração. Vai ser fácil para você expressar o amor de muitas maneiras ou, em outras palavras, você se torna capaz de expressar uma consciência superior em um mundo que ainda se encontra em separação.

A partir dessa conexão com seu coração, você vai, diariamente, descobrir novos milagres que chegam até você, novos desdobramentos de vida. Cada um de nós está exatamente onde precisa estar. Os amigos e familiares podem não perceber o que você já vê, podem não concordar com suas ações. Tudo bem. Não discuta com essas pessoas e nem tente convencer ninguém de que o seu caminho é o melhor caminho. O seu caminho pode muito bem não ser o caminho deles. E tudo bem também. Apenas trate de caminhar no seu caminho. Isso significa viver a vida conforme ela chega.

Quando você é capaz de manter o foco na sua própria criação, e permite que esse processo se desdobre, essa se torna sua apresentação para os outros. Aqueles que estão abertos à aprendizagem vão enxergar a verdade. Aqueles que não estão disponíveis para a aprendizagem, estarão fechados. Ao estarem fechados, não verão. Eles estão por conta desse fechamento, estão com raiva e nem tem consciência da raiva que são. Mas alguma coisa traz essa raiva. Essas pessoas estão tão bravas que estão cegas. Essa situação também precisa do seu respeito e da sua permissão para acontecer. Muitas pessoas estão nesta posição e precisam da sua compaixão.

Quando você consegue enxergar que sua própria vida se desdobra para melhor, quando você se entusiasma com cada mudança, pois tem vontade de avançar e comer vida (como se fosse), você já está caminhando apropriado de uma nova consciência.

Existe uma janela de tempo para renascer na consciência de 4-D. Essa janela está quase chegando ao seu término. Nós aprendemos diariamente e esse aprender nos fortalece. Isso tudo acontece para que possamos nos aprimorar, para que possamos melhor sintetizar e sintonizar nossa consciência.

» *Nesta questão da dualidade, luz e escuridão trabalham juntos?*

Luz e escuridão são escolhas do Divino Criador. Ele percebeu que para que pudéssemos despertar para nosso pleno potencial, precisaríamos primeiro entender o que é de fato a luz. Para que a luz possa ser percebida como tal, sua ausência se apresenta para existir a polaridade com essa luz.

Quem tem consciência criativa é capaz de trazer a luz para onde a luz não está. A falta agora se torna nutrida de algo que desconhecia. É por isso que a integração com tudo o que chega até você é uma arte, pois você coloca sua arte criadora em ação.

Quando algo escuro se apresenta para você, você pode sorrir internamente e saber que está sendo convocado a mostrar uma qualidade sua. Quando você tem plena confiança de que tem o recurso para lidar com aquilo que se apresentou, o recurso vai se apresentar espontaneamente. Essa é uma chave importante.

» *Você falou que o coração vai integrar essa mente. Como é que fica o plexo solar e toda nossa carga cármica que tem uma ação profunda sobre a gente, às vezes maior até do que a mente, e que foge ao controle até da própria consciência?*

Quando você percebe o que está acontecendo, ao perceber o que ocorre, você já ganha a chance de trazer algo novo para curar aquela situação. Se você está enxergando a situação, você começa a perceber onde existe a ausência de amor. Você vai encontrar algum espaço dentro de si onde isso abunda e pode estar disponível para que a paz possa ser um experimento real. Mas para entrar num processo dessa natureza, é preciso estar num estado de autocontrole. Esse é um estado raro, uma vez que a maioria de nós não tem controle sobre as emoções. As pessoas se defendem mesmo quando a defesa não é necessária. Não há nada do que se defender. Simplesmente mantenha-se atento aos fatos.

» *Então o amor é capaz de dissipar todo esse condicionamento que temos?*

Não. Ele não dissipa o que está ali, mas ele inocula amor onde antes não havia amor. E integra o não-amor com o amor. O jogo é perceber como você pode servir o outro para que a vida possa ser melhor. É muito sobre isso. Para que essa liberdade do novo agir seja possível, é preciso estar em grande conexão com a criatividade que surge e deixar o julgamento de lado.

Nossa habilidade de manifestar abundância em nossas vidas é proporcional à habilidade de se criar espaço no nosso campo eletromagnético. Algumas pessoas chamam esse campo magnético que rodeia nosso corpo de "torus". Parece uma rosquinha oca no meio, gira do centro para fora, em todas as direções, e de baixo para cima. Esse movimento contínuo gera um campo eletromagnético. Dentro dele habita nossa consciência em movimento. Essa consciência é capaz de ver a si mesma e produzir mudanças.

O tamanho do campo energético depende de quanta consciência este individuo já manifestou. Isso está diretamente ligado à abundância que você vivencia na sua vida física.

Abundância não significa apenas dinheiro, mas amor, esse sentimento de que "eu tenho o suficiente". O seu campo energético se encolhe de acordo com as crenças que você mantém aprisionadas dentro de você. Esse encolhimento impede que novas coisas entrem. Essas crenças ali aprisionadas podem ter a ver com o seu auto-valor. Algumas pessoas acham que não são boas o suficiente e isso contrai o campo energético e elas acabam dizendo: "eu não mereço abundância". Essas crenças são adquiridas ou programadas, especialmente se, quando era pequeno, você foi muito julgado e condenado pelos seus pais. Com esse tipo de criação, você cresce achando que não merece mesmo muito. Essas energias precisam ser curadas. Mas você só poderá fazê-lo quando enxerga por si mesmo. O espaço no seu campo magnético se expande conforme você também vai se libertando dessas crenças, às vezes muito antigas. Quando essa soltura acontece, mais energia de lixo é solta, e mais energia limpa pode entrar. Sua consciência se expande com isso. A gente poderia definir isso numa lei: a abundância é igual a quantidade de espaço em ampliação que você se dá ou se permite.

Quando trabalhamos no nosso próprio processo de desenvolvimento pessoal, é muito fácil criar um mundo metafórico, um mundo simbólico. Deseje vivenciar um mundo que represente isso.

O ego se sente menos ameaçado diante de uma visualização criativa. Ele não se defende tanto contra novas ideias que estejam projetadas visualmente. É por isso que meditamos e usamos a visualização para que o ego vá soltando suas garrinhas de você. Quando permitimos, admitimos a linguagem da metáfora, criamos um jardim, você entra no seu jardim em meditação e começa a criar ali espaço para que a abundância possa entrar.

O mesmo acontece quando você experimenta um vinho diferente daquele que estava tomando. Você vai precisar, primeiro, esvaziar sua taça para poder receber o vinho novo.

As meditações ajudam a conexão com o seu subconsciente. Em outras palavras, com sua alma. A alma tem familiaridade com a linguagem dos símbolos, que é a linguagem dos arquétipos. A alma também pode se reencontrar com você em vários e diferentes arquétipos. É algo que você pode pesquisar por conta própria.

Eu gostaria de citar algo, uma vez que nesse mundo caótico em que vivemos nos esquecemos de que o recurso mais precioso que temos é um ao outro. Algumas pessoas estão tão imersas na verdade, ou preocupadas consigo mesmas, que não conseguem perceber mais nada. Chegará o momento que a individualidade vai ter que ceder espaço ao Nós.

Quando isso for possível, a realidade planetária será muito mais benéfica para todos. Todos viemos a este planeta porque queríamos. E, de fato, esse é o período mais excitante da nossa história. Nós já atingimos um número máximo de almas operando no planeta que desejam viver essa passagem para o novo mundo. Durante esse processo de ascensão, você ganha a oportunidade de curar a si mesmo. Não sei há quanto tempo você vem passeando pela 3-D, mas posso assegurar que, no mínimo, são centenas de milhares de anos. Aqueles que estão em encarnação agora, estão porque desejam passar pelo portal da ascensão, libertar-se do passado. Este movimento, este deslocamento, já começou. Esse deslocamento abre ou descortina percepções de uma forma bastante forte.

A consciência que se manifesta em um corpo físico tem um ciclo de evolução natural. E quando esse ciclo de evolução chega ao seu momento final, um novo ciclo se abre. O ciclo que agora chega ao fim é o ciclo de 3-D.

Uma dimensão é determinada por uma densidade vibracional. Uma mesma dimensão contém graus de densidades, na verdade doze subdivisões. Quando você chega na 4-D, a vibração é mais acelerada. Por que é assim? Porque a densidade da 3-D está baseada na dualidade e na separação. O que você vivencia aqui nessa densidade é uma separação da divindade. Sendo assim, você se separa de você mesmo. E separado de si, é separado de todo o resto.

A gente vivencia essa separação como ilusão. É necessário passar por essa cortina. Se você se lembrasse de quem você é, você não se envolveria nas situações que pedem cura. A ilusão é necessária para que você possa entrar nas lições de 3-D e curá-las. Quando estas lições estão completas, você naturalmente se movimenta da 3-D para a 4-D. A 3-D é um ciclo evolutivo e a 4-D é outro ciclo evolutivo. Na 4-D, vivenciaremos a alta frequência, somos menos densos e conseguimos sustentar mais luz em nossos corpos. Literalmente e figurativamente. Na 4-D, as ilusões se vão. A separação não se sustenta. Na 4-D, você não se sente separado de nada. Você sente a integração natural com tudo, e começa a despertar para o seu estado natural de ser. Na 4-D, você percebe que a força divina está dentro e fora. Você sabe que sua realidade externa é uma projeção da sua realidade interna.

A dimensão, ou a densidade, reflete um estado de consciência e diferentes estados de existência. Isso significa que a alma deseja vivenciar esse patamar para se tornar plenamente consciente dela.

O primeiro plano de densidade tem a ver com átomos, moléculas e materialidade; formas de vida básicas, minerais, cristais, água. Todos operam numa vibração de 1-D. Você também tem estes elementos no seu corpo, uma vez que você é, em grande parte, água. Possuímos essa frequência dentro dos nossos corpos. Elas são uma espécie de base, de fundação. Essa dimensão cria os códigos genéticos e todo nível molecular do seu corpo físico. A 2-D é dimensão onde estão os animais e as plantas. Quando parte da alma deseja encarnar em corpo animal, é porque deseja desenvolver uma identidade de espécie. É o processo de crescimento. Os animais vivem para comer e crescer, mas eles não têm consciência de si, não tem um ego instalado. Somente animais com um contato próximo com os humanos começam a desenvolver essa estrutura do ser que deseja.

Quando uma alma deseja encarnar, vivenciar a 3-D, o desejo desta alma é desenvolver um ego e, ao mesmo tempo, a consciência de si como ser divino. Isso leva um tempo, um tempo de adaptação para essa nova consciência, pois existe a perda da consciência de grupo para construção da consciência individual. Você se lembra do passado, você consegue ter algum contato com o futuro. Essa é uma vibração que causa muita ilusão. Essas ilusões criam separação e essa separação traz um desejo de integração. As lições aqui são todas sobre integração.

Quando tudo isso pode ser compreendido, o indivíduo pode ir para 4-D. Aqui nos reintegramos com a identidade de grupo. Agora é um novo patamar, porque sei a meu respeito e sei a nosso respeito ao mesmo tempo. Já me reconectei ao fio de ligação com a minha consciência superior e consigo entender os movimentos no tempo/espaço. O tempo na 4-D funciona em ciclos e não mais em linearidade.

A negatividade é muito difícil de ser sustentada, mantida na 4-D. Antes de passar pelo portal da 4-D, é preciso haver um tratado de resolução de conflito nas relações. Tudo isso é lição de casa da 3-D.

Quando você já viveu suficientemente neste ciclo integrativo, você começa a chegar próximo das energias de 5-D. Antes de chegar na 5-D, é preciso aprender o que é amor, e quem é você expressando amor. Amor é entendimento. Quando você tem entendimento, você está pronto para a 5-D. Você tem acesso à sabedoria universal. Alguns encarnam neste nível como mestres, como professores. Muitos nesse nível atuam como guias espirituais para aqueles que ainda estão caminhando em ciclos anteriores. Estou falando tudo isso para que vocês entendam como esse fluxo acontece.

A existência não significa uma progressão linear através dessas densidades. Nós existimos em todas essas densidades ao mesmo tempo. Nossa alma é capaz de perceber esse processo multidimensional facilmente. Mas nosso ego não acessa essa percepção. O ego não consegue entender esse conceito. Quando você entra no coração, você tem uma percepção mais nítida de como isso acontece.

Todas as experiências e ideias acontecem simultaneamente. Não existem vidas passadas. Tudo acontece ao mesmo tempo, só que acontece em vibrações diferentes, o que faz parecer estarem separados. Temos conhecimento do que se refere a vidas passadas como simplesmente linhas de tempo. Existem milhares de linhas de tempo. Elas estão disponíveis ao mesmo tempo no cosmos numa espécie de experiência holográfica. E nós estamos brincando neste *playground* de linhas holográficas.

Este conceito só pode ser compreendido pelo seu sensor interno de experiências não lineares, conhecido como seu sistema de chakras. Apenas o seu coração é capaz de compreender que o passado, presente, futuro, ocorrem ao mesmo tempo, agora. Essa vibração segue no agora eterno.

O tempo linear só tem utilidade em 3-D. Essa é uma invenção deste plano para conseguir deixar mais forte a experiência da separação. Isso permite que você aprenda sobre o equilíbrio da polaridade, que é uma aprendizagem fundamental na 3-D.

À medida em que aprendemos a projetar nossa consciência através de todas essas densidades, ao mesmo tempo, temos contato com todos os nossos seres que nos fazem, inclusive, os seres futuros. Somos tudo ao mesmo tempo. Uma vez que o ego não dá conta desse outro jeito de funcionamento, apenas ele precisa permanecer no tempo linear.

A 2-D é um estado sem ego. A 3-D é um processo onde se progride no entendimento do que é o ego. Até o processo de parto na 3-D é assim. Quando você nasce, você ainda está na 2-D. Você ainda não tem ego. Conforme você cresce e se desenvolve, o ego se apresenta. Por conta do estilo de experiências que você vive, aí sim, você desenvolve sua consciência de 3-D. Essa tem sido nossa história por muito tempo.

Agora, neste estágio de tempo e espaço, estamos diante de uma opção. Uma opção é transicionar para dentro da 4-D e fazer, com isso, uma ampliação da sua consciência. Mas existe uma tarefa importante no meio do caminho.

Você precisa contar com a possibilidade de ter de se mover além da disponibilidade do ego dizer Eu Sou, e fazer essa transição onde você se sente plenamente confortável expressando Nós Somos. Você solta o Eu solo. Você reconhece que todo mundo é parte da sua família. E não só isso: todo mundo reflete quem é você. Todo mundo que entra na sua vida reflete uma parte de quem você é. Se alguém te traz uma irritação, está relembrando algo que também está em você. Quando você começa a perceber como funciona, você vai ser grato àqueles que te irritam. Você pode fazer uma auto investigação bem mais rapidamente e curar essa parte que ainda precisa de cura. Você se torna mais generoso em todas as suas experiências.

» *Como é que fica o ego na 4-D?*

O ego na 4-D está plenamente integrado à alma, é um ego que está maleável às indicações da alma. Ela diz, "vamos por aqui" e ele vai se assegurar de que tudo em você está trilhando o caminho para que se chegue a esse lugar. O ego é muito esperto. Ele tem muitas ferramentas. Ele precisa aprender que serve à alma. E quando ele está nesse estado de serviço à alma, ele se torna gentil, amoroso, flexível. Quando você começa, de fato, a viver a transição, você começa a ver isso acontecendo em você, bem como as mudanças na sua vida.

Os iogues nos tempos antigos subiam até o topo das montanhas e se sentavam ali, pacientemente esperando que a névoa se apresentasse bem cedinho. Sempre achei esse símbolo muito interessante. Agora a questão é: essa umidade na terra é água, emoção, água em movimento; quando o sol começa a brilhar sobre isso, essa água, essa emoção, começa a se movimentar por causa da luz e passa a se apresentar como uma névoa. Esse desejo dessa emoção, dessa água em movimento, de encontrar a luz, gera esse movimento e se integra a ele. É o mesmo processo quando nos tornamos conscientes de algo. Você de fato começa a se dar conta e vai desmistificando o que está se apresentando para você.

A razão pela qual o processo evolutivo precisa de um tempo para acontecer é porque a evolução não acontece apenas no plano físico. Ela também acontece mentalmente e emocionalmente. A evolução completa é a evolução, de fato, em consciência. Agora estamos vivendo esse deslocamento de uma situação para outra, e podemos ver o efeito desse deslocamento sobre o clima. Se a consciência coletiva estivesse mais harmonizada com a natureza, não viveríamos esse caos climático. A consciência não está sincronizada com as mudanças de frequência. Esse é um processo delicado. Quando as frequências da Terra e as frequências das consciências sobre a Terra não estão em sincronicidade, uma espécie de fricção de forças acontece. Esse estado de falta de sincronia ou desarmonia é temporário.

É isso que produz o caos, essa fricção de forças. Essa falta de harmonia produz esse movimento temporário que parece o caos, para poder fazer o deslocamento para um novo estado. Não importa qual seja a confusão na sua mente ou nas suas emoções, sua consciência está codificada em você. Ela está conectada à sua estrutura celular. Um compromisso com a evolução é quase que garantido.

O único instrumento capaz de diminuir a velocidade da sua evolução são as falsas ideias, os falsos conceitos, as falsas crenças da sua mente. Quando temos a consciência para trazer isso à tona, e a disponibilidade de nos tornarmos livres daquilo que mora no passado, você evolui muito rapidamente para a consciência de 4-D. É uma questão de tempo. E o tempo de cada pessoa é individual e diferente do outro.

O processo de ascensão não é todo mundo junto de uma só vez, mas sim cada um na sua vez, se soltando e fazendo o seu processo. Não é uma corrida. Ninguém precisa chegar primeiro, ninguém está olhando para quem chega em primeiro lugar. Não importa em que estado e em que lugar você esteja.

À medida em que você passa pela transição, solta o escuro e permite que mais luz entre, você se transforma nessa névoa, você vai de fato perdendo densidade e começando a sutilizar. Se você ainda carrega no seu ser coisas e questões que pesam, como negações, ou questões não resolvidas que você não quer olhar, essas coisas funcionam como bolas de chumbo que te trazem de volta para baixo. Você vai precisar olhar de novo para essas questões conforme a luz se amplia.

Conforme você se torna mais luminoso, suas partes escuras e obscuras começam a ficar mais nítidas para você. E aí você fala: "Nossa, não me reconheço mais aí!". E você solta. Você agradece e diz: "Agradeço as lições que este estado me permitiu e agora que aprendi, eu libero". Use o poder da gratidão e o poder do seu coração para harmonizar as situações. Você aprende algo de tudo o que vive.

Alguns trabalhadores da luz estão um pouco desapontados por não terem uma visão clara dos nossos familiares das estrelas. Quero dizer algo muito importante para vocês: os extraterrestres que estão se apresentando aos humanos são de vibração negativa. Não está no seu melhor interesse dar atenção a isso.

Ao mesmo tempo, existem muitas civilizações estelares que se uniram para amparar a Terra nessa elevação de consciência. Esse amparo interestelar já vem acontecendo há muito tempo. A Terra já fez sua jornada para dentro da 4-D. Falta apenas nossa consciência humana.

Precisamos nos relembrar de algo muito importante. Nossa Terra é o nosso mundo. Este mundo deve se tornar tal qual coletivamente desejamos. Então, se este novo mundo deve se tornar algo que todos nós desejamos, chegou a hora de trabalharmos juntos.

Há milhões e milhões de pessoas que desconhecem o que é ser um trabalhador da luz. Mas não é preciso saber. Existem muitas pessoas que vivem de maneira muito íntegra e honrosa atravessando esses tempos difíceis. Eles nem sequer tem o conceito do que é ser um trabalhador da luz. Ainda assim, eles são. E muitas dessas pessoas que ignoram o conceito de trabalhador da luz vão ascender pela nobreza do seu ser em manifestação, pois elas têm acesso ao coração, trabalham com amor e são de serviço ao próximo. O que nos cabe agora é reaprender a ter fé em nós mesmos e criar sonhos que estejam em harmonia com aqueles que estão ligados a você. Essa é a oportunidade que está ofertada a nós. A todos nós. Tudo é energia em vibração. Você consegue escutar os sons, você consegue enxergar a cor. Nossos pensamentos e sentimentos também funcionam assim. O positivo sempre vibra mais alto que o negativo. Essas vibrações emanam do seu corpo e se conectam à consciência coletiva com vibrações similares. A consciência coletiva produz circunstâncias e eventos para o individuo que estão em sintonia com os seus pensamentos. Vou dizer de forma mais clara: tudo aquilo que tem o seu foco, já está vindo ao seu encontro. É uma lei.

Nunca fomos educados a entender o que é energia. Nunca fomos instruídos a usar nossos poderes inatos do trabalho co-criador. Fomos ensinados exatamente ao contrário, a competir. Isso cria separação e guerra, até dentro das próprias famílias. Todo mundo brigando e querendo ser o dono da verdade. Isso não é verdade, somos todos a mesma coisa. Ninguém é dono de nada.

Caminhamos por caminhos individuais, mas temos todos as mesmas qualidades. É muito comum as pessoas se concentrarem em situações que não querem. Elas ficam muito tempo pensando no que não querem e atraem justamente isso.

Existem bilhões de pessoas emanando vibrações ligadas ao desespero, desesperança e tristeza pelo que vem acontecendo ao nosso redor. Isso é tudo energia negativa. Essas emanações negativas ficam retidas no plano astral e prejudicam toda a humanidade. Como resultado, as mudanças encontram mais resistência. Isso só acontece porque não existe entendimento sobre energia.

A lei universal orienta: o que você pensa, você ajuda a materializar. Escreva isso na parede do seu quarto, porque você vai para esse mundo se assim você pensar. Eu disse: existem muitas linhas de tempo. O que você faz, e o que você faz com a intenção de ajuda, vai determinar para onde você vai.

A escolha pelo livre arbítrio é respeitada nesse universo. Tem lugar para todo mundo. Quando você permanece confinado no modo de pensamento 3-D, você não faz a viagem interna. Você está blindado contra encontrar as próprias respostas que já habitam em você. Sem conexão com o conhecimento que vem da alma, sua consciência vai buscar conhecimento no ego. Isso não é recomendável. É por isso que a gente visita a dama do lago. É com essa dama que há de se aprender a trabalhar o tempo todo. Ela pode te oferecer respostas para que você possa praticar.

O ego só apoia perspectivas e ideias pessoais. O ego não possui energia amorosa. O ego é rígido e defensivo na sua atitude. Ele dificilmente se abre para outra perspectiva, sempre defende a si mesmo.

A visão e intenção da Mãe Terra é que todos os seus residentes possam viver e conviver em harmonia, inclusive com a natureza. Essa é a intenção. Mas a humanidade ainda não acessou essa verdade. Quando a mente-ego de uma sociedade se torna consciente de que temos a chance de escolher diferente, essa mente adquire uma qualidade de se tornar sua própria autoridade e não depender de uma autoridade externa.

Ainda hoje esse conceito não é muito bem compreendido. Até mesmo a palavra democracia não é. O que significa democracia? Alguém tem alguma ideia? Eu escuto todo mundo dizendo: "Não, precisamos voltar à democracia! Somos um país democrático!" A democracia deve ser compreendida como auto-regulação. É um conceito novo.

É um conceito de 4-D, onde você se torna independente e capaz de prover o seu próprio bem estar e prazer. Você é capaz de regular a si mesmo. Você não precisa de autoridade, nem de lei e nem de políticos para fazerem isso por você. Porque se você é dependente dessas forças externas, você se torna uma vítima. Você já convive num mundo com bilhões de vítimas. Os mais oprimidos são os que vivem em sociedade ditas democráticas. Essa democracia, de fato, não existe. Não há equanimidade.

Em civilizações avançadas, não existem chefes e nem hierarquias. Existe sim respeito pelo estado onde cada um está. É assim que funciona. Quando você quer e deseja viver de forma mais democrática, é preciso se tornar mais independente do outro e ser mais confiante no seu próprio conhecimento. É preciso encontrar um método de governo que possa atender ao melhor interesse de cada pessoa. Isso é algo que ainda não vivemos. Ainda precisa ser criado. Precisamos criar um novo sistema baseado nesse princípio. Se a maioria dos egos for de 3-D, esse processo leva um pouco mais de tempo.

O ego é muito apegado às suas próprias crenças. Ele precisa vencer sempre para estar tranquilo. Isso é muito cansativo e produz estagnação. Para resolver esse momento de estagnação na evolução, é recomendável que exista a disponibilidade da escuta. Compreenda a convicção do outro. Permita que ela exista. Ainda que você não concorde, escute com interesse. Esse processo de permitir o fluxo começa a limpar o fluxo. É como se você estivesse colocando um palco à disposição antes que o conflito se apresente. E as soluções vão se apresentar. Quanto mais este palco estiver disponível, mais a luz se disponibiliza para transformar a situação. E aquilo que parecia ser um problema, vai se transformar na solução para o bem de todos. Será o fim da pobreza, onde todos em igualdade compartilham sua abundância. A luz que você emana numa conexão positiva se irradia onde quer que você vá. Focando-se com firmeza na luz que te habita, você já está sendo um pilar de luz e de ajuda para todos à sua volta. Para o novo mundo que queremos, isso é uma ajuda de fato. Quanto mais pessoas desejarem estar, passar para esse estado, mais teremos ajuda para fazer a transição.

Algumas dicas: o primeiro passo, ou o primeiro trabalho, é deixar de lado o julgamento. Teste sua capacidade. Faça este teste com você. Levante de manhã e afirme: "Hoje eu vou experimentar não julgar nada, nem ninguém", e veja o quanto você julga. De noite, de volta em casa, você faz uma lista dos seus julgamentos e pratica perdoar a si mesmo e todos os outros também. Então, recomece no dia seguinte até que a lista vai diminuindo, diminuindo, até que você não faz mais isso. Se você sente culpa, faça a mesma coisa. Se você sente possessividade, faça a mesma coisa. Se você sente ciúme ou qualquer outra emoção que não está emitindo vibrações de alta frequência, faça o mesmo.

Todos esses são fatores primários que estão afetando o ritmo da mudança. Algumas pessoas dizem: "Ah, eu quero fazer alguma coisa", mas não sabem o quê. Se você não sabe o que fazer, permita que o foco esteja em você, dentro de você. É aí que o trabalho precisa acontecer. Permita que ela, a sua alma, te oriente na tua missão. Nossa missão é compartilhada. Ela consiste em trazer um pouquinho mais de alegria e luz onde antes a escuridão controlava.

Com coragem e um pouquinho de engenhosidade e dedicação paciente, você chega lá. Você não está sozinho nessa jornada. Nossa família espiritual está lá, na coxia do palco. Você consegue senti-los ao usar sua sensibilidade. Eles estão sempre à disposição e prontos para te ajudar quando possível. Mas eles não se apresentam a você, se não você não faria o trabalho que te cabe fazer. Mas pode ter certeza, eles estão ali. Se você precisar deles, eles darão energia suficiente para que você obtenha sucesso no seu intento.

Naquele lago que um dia foi tão pacifico, você precisa servir às ondas quando vivencia emoções. As emoções vão agitar o lago. As ondas chegam como uma indicação de que existe uma mudança pedindo para ser realizada na sua vida, agora. É uma indicação de que algo na sua programação precisa mudar para que aqueles que ainda são dois, possam se unir. Quando o desejo é pela atitude superior e a expressão superior, então o bem que te habita é ativado.

O bem em você é o seu potencial divino. Quando sua intenção for expressar o negativo, a conexão com a luz se desfaz. Ela é interrompida pelo medo que patrocina o desejo de expressar o negativo.

Quando você reprime ou engaveta suas emoções, você perde a conexão com os sentimentos. É muito importante você saber que eles andam juntos. Seja capaz de surfar e curar estas ondas da emoção. Por que você, ao engavetar emoções, perde conexão com os sentimentos? Porque a poluição que a emoção está tentando tornar visível para ser liberada em você, permanece ali, entupindo os chakras.

Você não consegue fazer essa jornada pelo tubo que conecta os chakras. Se você está com bloqueios nos seus chakras inferiores, essa luz não vai chegar até o coração para você acessar os sentimentos e as orientações. E assim as pessoas agem sem consciência, sem consciência amorosa. Ao agir dessa forma, elas se tornam robôs das forças escuras e expressam o potencial inferior animal das escolhas negativas.

» *Robert, como se faz a limpeza dos chakras?*

Primeiro comece a investigar as questões que te mantém presa. Você vai receber dicas diariamente a partir dos julgamentos que emite. A primeira coisa é poder olhar para esses julgamentos. É mais fácil fazer esse processo de observação e limpeza dos julgamentos quando você reconhece que todos somos divinos, mesmo que nem todos ainda nos reconheçamos assim. Dependendo do que foi o histórico de vida de uma pessoa, ou dos traumas que ela viveu, pode ser que ela se expresse com essa energia do trauma incluído. Ouça essas pessoas, mas não julgue. Você não sabe pelo que ela passou. Algumas pessoas estão carregando pesos kármicos que vem de outras vidas e isso precisa ser resolvido. Sem isso, elas carregam pesos muito grandes.

Precisamos passar por um processo de recriação cármica um pouco antes da ascensão. Pode ser que energias densas, que nem sequer te pertencem, cheguem a você na esperança de que você consiga reciclá-las, simplesmente porque outros não conseguiram. Não significa que é seu. Significa apenas que você é da luz, que você está aqui e que pode ajudar. Pessoas de consciência mais avançada deixam de julgar e simplesmente entendem: "Nossa, isso chegou porque precisa da minha ajuda agora". Assim fazemos atualizações de programação.

Não importa se você faz uma boa escolha ou uma má escolha. Essas escolhas são apenas frequências de luz que vêm em polaridade para que você possa vivenciar o que é cada possibilidade.

Quanto mais experiência negativa você viveu, melhor para você. Esta experiência te dá a oportunidade de praticar o poder da compaixão e do perdão. Assim também com cada irmão ou irmã seu; essas pessoas com quem você sente uma grande familiaridade, carinho; vocês já se conhecem há muito tempo.

Sua alma escolheu um corpo para esta vida. Para a alma, o corpo é como um barco. E a bordo deste barco, a alma viaja pelos sete mares da consciência. Esses mares simbolizam a expansão de cada chakra.

Chakras são instrumentos de afinação até chegar ao mais puro som de amor daquela vibração. A experiência traz a você a oportunidade de sintonizar, de afinar a melhor expressão da sua alma naquele momento. Quando os sete chakras estão afinados, e a poluição já foi liberada, você se conecta com todas as outras dimensões de acordo com o seu desejo, com a sua vontade.

O mesmo espírito de amor permeia todas as dimensões, basta que você identifique a melhor escolha a ser feita: servir a própria luz ou servir a escuridão. A grande maioria das pessoas serve a escuridão. Por isso é tão importante que comecemos a nos expressar. O livre arbítrio está permitindo todas essas escolhas. Então, está tudo bem.

» *O livre arbítrio é a democracia?*

O livre arbítrio é um presente que recebemos para fazer com ele o que quisermos. O livre arbítrio te permite escolha. Você pode ir para esquerda, você pode ir para direita.

» *Robert, tenho uma dúvida. Como essas pessoas que vivem no Oriente Médio, por exemplo, poderão passar por isso?*

É preciso entender que nos últimos três milênios a gente não tem agido de forma muito sábia. Escolhemos a guerra, escolhemos a discordância, escolhemos a separação. As escolhas que você faz numa vida vão ser registradas no banco de dados da sua alma. Esse registro vai ser ali codificado, serviço para mim, serviço para o outro. A maioria serve a si mesmo em detrimento do outro. Invariavelmente, quem serve assim, em detrimento do outro, quer controlar o outro. Isso precisa de correção ao se fazer uma escolha superior.

» *Robert, tenho uma dúvida em relação à limpeza dos chakras. Você falou sobre ascendermos a energia. É a mesma relação, é isso? De se observar...*

Observar, balancear o que está diante de você e aceitar tudo. Esse é o exercício, se chama OBA! Observar, balancear o que está disponível na situação e aceitar tudo o que houve.

» *Robert, li em algum lugar: é importante que você seja desprendido das pessoas, das coisas, porque elas são transitórias. Como é que se faz para amar e ao mesmo tempo ser desprendido das pessoas ou daquilo que você ama?*

É preciso estar em conexão com seu potencial criador. Você precisa aprender a dançar. Às vezes você dá um passo para frente, às vezes você dá um passo para trás. Se a sua intenção é manter a paz, você aprende a dançar com maior harmonia. Não sei se estou respondendo... Escolher com sabedoria é muito recomendável. E todos nós temos a sabedoria suficiente para fazer a coisa certa.

Quero compartilhar mais uma lei sobre isso: você vai herdar o amor que você deu. Se não tem amor chegando, significa que você nunca deu. Essas pessoas que estão em posições difíceis e horríveis, estão vivenciando os efeitos da sua consciência tão pão dura. Aceite. Quando você aceita, você abre espaço para a mudança. A consciência é a luz que orienta o nosso caminho. Uma parte importante do percurso é o instinto. O instinto sabe o caminho de volta para casa. Confie no seu instinto. Perdemos a conexão com o instinto e colocamos as regras e o dogma no seu lugar. Precisamos reencontrar esse caminho de intimidade com o próprio pulso.

Quanto mais pessoas na consciência coletiva se tornarem conscientes, mais pessoas podem ser afetadas por essa nova frequência gerada. Cada indivíduo é um aspecto da divindade. Cada alma está vivendo agora uma experiência física de fato sobre o que é o Ser Espiritual. O processo de ascensão é um processo de despertar para própria divindade. É aí que você tem o entendimento mais profundo do que é ser divino. Quando descobre isso, você assume maior responsabilidade pela sua vida.

A batalha da alma é aquela de fazer despertar a personalidade. Essa é a tarefa da alma, de incansavelmente produzir oportunidades para que a personalidade se dê conta da sua verdade. O desafio para cada personalidade aqui é servir a onda da consciência expandida. Também dá para ficar na praia e jamais molhar o pezinho na água, e muito menos na aventura. Dá para tirar uma soneca na praia e ficar bem seguro longe das ondas. Parece confortável para algumas pessoas. Mas a melhor escolha é servir a onda e aprender. Manter-se ali, em cima da jangada, sem tomar caldo. Toda vez que você tiver medo, ou dúvida, plum, você vai ter que cair!

Existem pessoas aqui no planeta que ajudam o processo a evoluir, enquanto outras estão aqui para retardar o processo. É por isso que eu sempre digo: saiba o que você faz aqui e o que você quer ajudar a sustentar. Precisamos nos reunir para trocar ideias, para que possamos acelerar o processo de transmutação do que não tem mais valor.

» *Você pode falar um pouco sobre caridade material? A ajuda para o outro, caridade material para o outro?*

Tudo o que é material deve ser manifesto de acordo e em sintonia com a sua consciência. Não siga o convite da matéria, siga o convite do espírito. Quando você segue genuinamente o espírito, a matéria lhe será oferecida para o seu conforto. Antes da ascensão, você vai precisar aprender a perder tudo o que você aprecia. Tudo. Por quê? Porque a maior preciosidade em você é você mesmo. Mas se você ainda não se aprecia como precioso, e só aprecia aquilo que está no físico, então você ainda precisa de mais tempo, mais testes, mais experiências.

Você precisa redescobrir os valores que possui. Você precisa sentir a sua própria verdade. Quando você se sente bem, está correto. Quando você não se sente bem, é preciso aprofundar mais. A verdade difere de uma pessoa para outra. Por favor, não disputem verdades. A única coisa importante é: cada um experimenta o que precisa .

» *Robert, só uma questão falando sobre a materialidade. Muitas vezes as religiões têm colocado o dízimo de 10% sobre o que ganha, como uma lei universal, uma lei divina. É um conceito errôneo?*

É um conceito equivocado esse, mas parte de um princípio universal. À medida em que você dá de si com a intenção de que alguém tenha uma vida melhor, esse amor que você doou volta aumentado em 10% para você. E quando você detesta alguém, essa energia também volta a você com esses 10% a mais. É uma lei. A lei do retorno certo. É assim que funciona. Se você dá o seu amor diariamente, você será amada enormemente por outros. O amor funciona assim. O amor chega porque você já deu amor antes.

O amor não suporta ver uma taça vazia, ele quer encher essa taça. Se você tem todo o amor no cálice do seu coração e você derrama e fica vazio, imediatamente a luz preenche essa taça para que esse cálice possa ser de novo derramado.

Essa é a consciência da abundância. Ela não tem medo de dar, e também não dá estrategicamente. Ela é naturalmente generosa. Isso é consciência de 4-D.

» *Robert, pensando nas crianças, no sofrimento infantil que elas vêm sofrendo hoje no mundo. A gente pode entender que isso é responsabilidade delas próprias?*

As crianças aqui no planeta já são de vibração de 5-D. Elas sabem porque vieram e com quem escolheram vir. Muitas delas já são mestres educadores. O melhor que podemos fazer pelas crianças é informá-las, o mais cedo possível, de tudo o que você sabe que é bom. Feito isso, pergunte a elas o que elas acham que é bom.

Desde uma tenra idade – um, dois, três, quatro anos –, já acontecem coisas nos seus mini-ambientes. Em vez de dizer a ela o que fazer diante dessas circunstâncias, pergunte a ela o que ela faria pelo bem.

Também é muito importante dizer para suas crianças que os adultos não são tão adultos assim. Muitos adultos circulam por aí ignorantes sobre o amor. Você pode dizer e esclarecer para essas crianças: "Olha, vocês vieram justamente para ensinar isso, que tantos desconhecem". Com isso, essas crianças se reafirmam com muita convicção no seu caminho.

Quando vão para escola e são rejeitados pelos seus professores ou são perturbados, sofrem *bullying* dos seus colegas, você já preparou uma base sólida neles primeiro para entender que: "Nossa, isso aqui é que é falta de amor. Por isso estou aqui".

Perguntando para o professor: "Porque você não fala de um jeito mais amoroso?", "Porque eu sinto medo de você?", "Você é manifestação de medo ou manifestação de amor?". Esse tipo de questionamento faz o professor voltar em si. Prepare as crianças para ensinar os professores com respeito. A maioria dos professores não tem a menor ideia do que estão fazendo. Algumas escolas já estão abertas para novos métodos de aprendizagem. Algumas, inclusive, aceitam meditação. Ainda estamos nos primórdios dessa transformação.

Certo e errado são partes da mesma experiência. O que está certo hoje pode estar errado amanhã. E o que está errado para você pode ser o certo para outra pessoa. Não vai demorar e nós nos elevaremos acima desse modo dual de pensar.

O jogo agora é que você se reencontre com a sua verdade dentro de você. Essa sua verdade vai te conduzir na direção daquilo que você escolheu antes da encarnação.

Isso pode ser a ascensão na sua plena experiência, ou pode ser uma experiência mais limitada da ascensão. E pode ser a recusa da ascensão, em que as pessoas preferem permanecer na realidade da dualidade. Afinal, elas são mais confortáveis com os dramas que a polaridade produz. É diferente para cada um. Por isso é tão importante que estejamos focados na nossa jornada e permitir que cada um faça a sua.

ROBERT HAPPÉ

8

RESTAURANDO A NATUREZA HUMANA

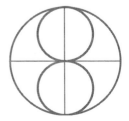

Quanto mais desenvolvermos o discernimento, mais rapidamente as mudanças ocorrem. Só acontece o que acontece porque você consegue discernir uma coisa da outra. Muitas pessoas fazem a escolha de viver uma vida mais simples porque começam a seguir a voz que fala no coração. Viver uma vida mais simples, ou um estilo de vida cooperativo, é muito mais do que apenas uma escolha. É evidente que a luz está produzindo uma mudança fenomenal na humanidade. A humanidade agora faz seu retorno à natureza e restaura a natureza humana.

A melhor maneira de avançar consiste em começar a observar tudo o que acontece com você, sem se permitir ficar emocionalmente enganchado com aquilo que ainda está em desequilíbrio. Faça esse pacto com você mesmo. Com isso, você se torna um observador informado em todas as experiências. E não provoca nenhum tipo de reação emocional, pois você apenas observa os fatos. Ajuda onde é possível e onde não é possível. Simplesmente solte.

Seu combustível é a luz. Você absorve essa luz pela respiração. Dessa forma, todas as suas células corporais participam do espírito de amor, que é a força vital.

Quando você respira profundamente por algumas vezes, independentemente de quantas, algumas partes do seu corpo que estavam fragilizadas, começam a ser reernegizadas. Essa prática ajuda que seu corpo, como um todo, se ajuste às novas frequências. Quando você aprende a transmutar aquilo que precisa transmutar, seu DNA vai modificar seu núcleo de carbono para cristal. Tudo isso vai depender da qualidade da sua consciência.

A mensagem por trás dessas palavras é: permita-se ter a honra de ser quem você é. Permita amar-se o suficiente para agir com sabedoria e escolher com autonomia o caminho que você deseja trilhar. Se você está num caminho que não escolheu de verdade, mas esse é o que você tem, e esse caminho não ressoa bem com os sentimentos mais profundos, cabe a você respirar profundamente e fazer as escolhas necessárias.

Na respiração profunda você se conecta com a intuição e recebe orientação do coração. Você se honra, sendo. Você não se honra quando vive sua vida de acordo com os sonhos que os outros têm para você. Muito menos vivendo a vida que seus colegas acham que você deveria viver. Ou ainda, vivendo a vida que as escrituras instruíram você.

Quando você se honra, você honra Deus em você. Simples assim. Ser quem você é, o seu verdadeiro ser. Este é o novo Ser, alguém que se manifesta assim como é, e que fala espontaneamente do coração. Quando você é capaz de viver na sua verdade, tudo está bem na sua vida. Apenas não permita que a confusão entre na sua vida a partir de ninguém. Honrar a si mesmo é honrar a Deus em você, e se firmar na sua verdade. Se algo não ressoa bem em você, não é para você. Ignore. Não julgue, ignore. Honrar a si mesmo é confiar que você detém a resposta para tudo.

É assim que podemos viver agora. Simplesmente saiba, a cada instante que caminho tomar, que direção adotar. Às vezes é para direita, outras para esquerda. Às vezes para frente e outras para trás. Cooperativo ou competitivo. Todas essas direções devem emergir da sua intuição, e as diretrizes do coração. Isso significa viver com espontaneidade. Você não tem mais passos calculados. Você confia de que receberá a resposta para qualquer que seja a situação.

A intuição é uma dádiva que todos nós recebemos. Ela deve ser o guia que ajuda a mente a expressar a sua verdade com amor, com luz.

A jornada na direção à iluminação sempre acontecerá a partir da sua conexão com a sua alma. Quando você tem isso, você tem acesso ao seu Eu Superior. Sem a alma conectada não existe conexão com o Eu Superior.

Para que a correta conexão seja acessada, a maneira correta de comunicação é que o homem olhe para mulher. A mulher é a sua alma, o homem é a sua mente. Quando estes dois começam a cooperar, o homem, a mente, se coloca diante da mulher, a alma. É ela que olha para o Eu Superior. Só ela tem acesso para transferir pedidos ao Eu Superior.

Através da intuição, essa energia retorna para mente. A mente é a ferramenta de fazer acontecer no plano físico. Esse é o movimento. A sua mente-ego é o homem, e a sua alma é que tem as conexões intuitivas.

Se você realmente se honra e se ama, sua atenção está centrada no coração. Então a alma, cuja morada é no plexo solar, se eleva e se sente convidada a subir até o coração. Quando você coloca a atenção no seu grande altar, ela se sente convidada a participar dele. Quando você expressa seu desejo para sua alma, e a sua alma sente e confere que está em sintonia com seu contrato de alma, ela vai acessar a energia necessária para realizar esse desejo.

Essa é a orientação intuitiva que nos mantêm avançando. Essa orientação também pode vir através da sua essência acumulada na alma, o que significa tudo aquilo que sua alma acessa através do seu Ser multidimensional.

Sua alma quase que te empurra para as experiências pelas quais você precisa passar. É isso que você precisa observar, a razão pela qual você está sendo colocado nessa situação, nessa experiência. O que você precisa observar aqui?

Quando você começa a apreciar a vida com esses olhos, uma infinidade de oportunidades bate à sua porta. E se você trabalha com essas situações a partir de uma perspectiva criativa, onde você confia na orientação que recebe, você está indo muito bem.

Este tsunami espiritual está se derramando sobre nosso planeta. As mudanças estão mais aceleradas e nada vai permanecer intacto. Por isso é recomendável seguir o fluxo, não resistir ao fluxo. Nesse momento, nadar contra a correnteza vai ser muito difícil para você.

Muitas pessoas encontram dificuldade em ouvir a própria voz interna ou sentir as energias da alma. Isso acontece por conta dos bloqueios mentais causados pelo medo. É preciso uma faxina. Se você ignora repetidas vezes os sinais, os sentimentos que sua alma emana, pode ser necessário que você precise encarnar novamente. Na verdade, como a vida é eterna e ninguém tem pressa, você pode percorrer no ciclo da 3-D. Não tem problema. Três dias cósmicos e estaremos aqui de novo.

Quando você já tem essa informação, fica mais fácil fazer escolhas. Quando você observa como outras pessoas fazem escolhas e como elas vivem a própria vida, às vezes pode ser chocante. Dá para entender o resultado de como isso afeta nossa situação presente. Tudo está interligado. Não estamos separados. A ilusão é uma separação. Tem algo de muito errado numa cultura que ignora 60% da sua população. Talvez essa estimativa seja até generosa da minha parte.

Para que atinjamos a harmonia, primeiro precisamos chegar ao equilíbrio. Isso começa criando o equilíbrio com tudo aquilo que chega até você diariamente. Quando você é capaz disso, a paz será o seu modo. É uma ciência. Se você entende como funciona, você percorrerá o caminho.

Cada indivíduo, e cada forma de vida, funcionam em conjunção entre si. Isso inclui os humanos. Se você decide estagnar, o mundo à sua volta muda junto com você. Se você decide fazer um impulso adiante, esse mesmo impulso igualmente afeta tudo ao seu redor. Então, cada escolha individual feita momento a momento, não importa quão pequena ou insignificante, tem um potencial em si de uma grande mudança.

Cada pensamento, não importa quão pequeno, soma à consciência de massa que pensa igual a você. Quando esses *inputs* se expandem, isso vai expandindo também a massa de potencial. Em outras palavras, o potencial de liberdade coletivo expande quanto mais livres somos.

O núcleo de tudo aquilo que é bom atrai para si tudo aquilo que é similar. O mesmo princípio se aplica ao negativo. No entanto, o negativo carrega em si o padrão da destruição. A energia não pode ser destruída, ela só pode ser modificada. Se você é um criador, você pode fazer ajustes.

Tudo no mundo da 3-D tem um lado igual e um lado de oposição. Assim como o positivo e negativo. A polaridade dominante vai ser a mais forte das duas. Assim como em tudo nesta vida, é necessário haver equilíbrio entre as partes. Entre o bem e o mal. Entre a luz e a escuridão. Entre o homem e a mulher. É poder corrigir aquilo que está equivocado. É apreender e respeitar o tempo todo. E reconhecer que existem diferenças entre as pessoas. Só isso. Mas o começo e o fim são a mesma coisa. Quando um ciclo se completa, outro se abre. É o mesmo princípio das 24 horas. Cada novo conhecimento que você adquire é somado ao conhecimento anterior que você já tinha. Esse conhecimento começa a colocar em movimento uma espiral que passeia pelos chakras. Quanto mais conhecimento sobre a verdade, mais conectado às leis universais você estará. Só esta natureza de conhecimento abre os chakras. Passo a passo, um conhecimento é adquirido pela sua experiência de cada vez, onde quer que você vá. Você se tornou o seu conhecimento.

Aqueles de nós que fazem esse esforço, de viver a vida em harmonia com todos e com a natureza, aprenderam as lições que vieram aprender. Cada oportunidade de elevar sua consciência jamais será desperdiçada. E ela te eleva, porque essa é a medida da sua luz e do seu nível vibracional. É claro que haverá dificuldades, testes, desafios, mas de que outra forma você poderia fazer um raio-X da sua força que não fosse exatamente no meio de um teste? E quando, finalmente, você se encontra com seu poder, e começa a acreditar em si mesmo, então você está pronto para o próximo nível.

O desafio é confiar no saber que você sabe. Aplicar esse saber, ao vivo, na experiência que chega até você. Isso é ser a diferença, diferente daquilo que você era antes, simplesmente porque você explorou e aprendeu novas formas.

Essa é uma navegação bem sucedida no seu próprio caminho, que significa exercer sua escolha. Em harmonia, em amizade com todos aqueles que entram no caminho. Quando você é capaz de viver assim, você já encontrou um novo jeito. Esse aprendizado te oferece um aprimoramento na sua vibração, uma frequência onde a harmonia e o amor são vivenciados. O único pré-requisito necessário é ser capaz de reconhecer, e então viver a sua verdade. Isso significa viver a sua luz. As escolhas que você faz revelam a sua luz. Assim você pode avaliar quem é você.

Agora, nos tempos que se apresentam diante de nós, fica nítido que precisamos uns dos outros para ver com mais clareza. Quando nos juntamos para discutir essas questões, a clareza e a nitidez se fazem mais rapidamente. A verdade que foi guardada a sete chaves por aqueles que contêm a autoridade agora precisa ser aberta. Essa verdade precisa ser expressa, para que a escuridão possa ser desarmada. Essa escuridão, ainda hoje, está no controle de todas as instituições.

Cada um de nós tem uma contribuição a fazer. É uma questão de foco, inteligência, respeito, vontade, amizade e querer fazer. Não há nenhum mal que possa chegar a você que não tenha, dentro dele, o conserto. Por isso é recomendável viver sua vida como se você estivesse no seu primeiro dia aqui, e não como se você estivesse no seu último. Existe essa expressão: "Imagine que este é o seu último dia". É uma expressão ridícula.

Ainda estamos vivenciando intensidades hoje, em todos os cantos. Isso tem acontecido porque estamos bem no meio das mudanças. Essas mudanças estão refletidas em dois mundos: os mundos da 3-D e da 4-D, o que faz com que agora as coisas comecem a ficar mais claras.

Uma das imagens ressalta uma pobreza de valores, de moral, instituições falidas e se desestruturando, caos geral, especialmente na economia e na agricultura. E tem uma segunda imagem, a de um novo começo. Aos poucos, uma nova sociedade começa a aparecer e construir a si mesma.

E começa a se construir a partir de valores humanitários de compartilhamento. Princípios de se importar mutuamente um com o outro, cuidado um com o outro. Princípios que valorizam a honestidade e a intenção genuína. Existem novos grupos, novas comunidades, novas sociedades emergindo a partir desses valores. Essa comunicação, e o compartilhamento desses valores genuínos é o que faz as crianças da luz quererem se reunir novamente. Novos estilos de vida são possíveis a partir disso.

Aqueles que estão focados apenas na forma materialista de viver, preocupados com este mundo velho em declínio, agarrados a princípios e valores do passado, essas pessoas estão muito ameaçadas. Elas estão fortemente ameaçadas de escorrer pelo ralo junto com o sistema velho. Por isso, a grande sugestão aqui é: esqueça o mundo como ele era e escolha um mundo como ele pode ser. Coloque suas energias naquilo que está germinando, florescendo, crescendo, prosperando. Permita que todo o lixo que se movimenta possa simplesmente ir embora.

Precisamos reaprender como é trabalhar junto, co-criando com os outros para construir um novo mundo, em vez de entrar numa ideia de salvar o antigo sistema. O melhor trabalho que você pode fazer é trabalhar sobre si mesmo. Se você trabalha internamente, esse é um sinal de que você está se preparando para co-criar.

» *Quando você fala "escorrer pelo ralo", o que significa "escorrer pelo ralo"? Para onde vai isso?*

Escorrer pelo ralo significa retornar à 3-D quando a decantação entre as dimensões acontecer, onde as pessoas vão recomeçar do zero a construir a consciência de 3-D. Tem gente no planeta que já perdeu a janela de ascensão várias vezes. São os repetentes. Como eu digo: ninguém tem pressa. É só uma questão de escolha.

Aqueles que vêm trabalhando em si mesmos, que estão investigando o seu próprio espaço interior, essas pessoas naturalmente se movimentam para campos de percepção mais ampliados, pois começam a perceber que o estilo de vida que eles vêm adotando é bom para eles e os coloca em lugares melhores. Rapidamente, em função disso, começam a vivenciar as consequências da lei da gratidão. É muito bom, no final de cada dia, poder fazer uma rememoração de tudo o que aconteceu e agradecer.

Aqueles que ainda estão competindo para sobreviver e atender apenas as necessidades básicas, pode ser que essas pessoas precisem de mais tempo.

O novo ser se manifesta através do doar da sua energia para o benefício do outro. É deste lugar de manifestação que o retorno, a recompensa, chega. É na doação da sua energia em serviço ao outro, deste lugar apenas, que virá sua recompensa.

Auto-serviço significa manter você mesmo exatamente onde você está. Serviço ao outro é aquela ação que traz recompensas maiores. Essa ação vai te alçar a patamares onde a oportunidade de serviço se amplia.

Quando você realmente se torna um servidor, como resultado disso, mais serviço chega para você. Quando você trabalha a partir deste patamar de consciência, você vai se sentir mais livre. Você não precisa mais fazer planos, não precisa mais se preocupar. Você simplesmente se disponibiliza para a vida e coloca suas habilidades à disposição.

O problema de olhamos para trás, para o passado, é que seu foco sai do aqui, do agora. Você não está presente. Se você não está presente, você não tem como dar um passo adiante. Afinal de contas, você está olhando para trás. Não dá para andar para frente olhando para trás. Não dá para ir na direção do seu destino com você olhando pelo retrovisor, contemplando o que já foi.

Todos nós tivemos nossas histórias, seja com pensamentos e crenças sobre o que aconteceu ou com o que estava errado. Não importa. Algumas pessoas olham para o passado e falam assim: "Nossa, bons tempos aqueles..." E ficam assim, nos "bons tempos aqueles...".

O que se recomenda hoje é olhar para frente, plenamente engajado com o momento da sua experiência, no agora. Isso também vai te ajudar a seguir no caminho que você tem e te ajuda a seguir na direção que é para você seguir. Assim, você vai se aproximando da linha do seu destino. E ela está a apenas algumas frações diante de você.

Não se sinta ansioso de chegar ao futuro. O futuro vai te encontrar. Não se preocupe. Confie. Atenda aquilo que se apresenta diante de você. Quanto mais você atende ao agora, mais seu sonho distante vai se aproximando.

Muitas das nossas experiências nessa vida foram o processamento de carma, de dívidas cármicas que vieram de outras linhas de tempo. Esse atual movimento da luz permite que muitas situações cármicas se juntem. Isso pode criar integração. O desentendimento encontra cura. Então, tudo é bom.

Quando você percebe que qualquer um que entra na sua vida é um pedaço de você voltando, fica um pouco mais fácil co-criar e harmonizar. Isso é co-criação na prática. É quando você aceita a pessoa exatamente como ela se apresenta, e você trabalha para integrar isso.

Inclinações e habilidades vêm com cada pessoa. É isso que estamos aqui para trocar, compartilhar. Não estou falando de dinheiro, estou falando de habilidades, talentos. É uma alegria quando podemos dar e receber. E esse dar e receber, livre daquela motivação anterior que é, "o que eu ganho com isso?", ou livre também daquela vibração de, "ai, como eu sou bom nisso". A motivação agora é de você simplesmente querer transferir algo que está em você para mais alguém, incluindo a si mesmo. Como estamos interconectados, quando sirvo você, sirvo a mim mesmo junto. Ter suas intenções esclarecidas, discernidas, é você ter uma atitude reflexiva na sua própria consciência e psique.

Se vocês não se incomodam, quero fazer mais uma sugestão. Quero propor que, daqui em diante, você nunca mais julgue a si mesmo e simplesmente descubra a si mesmo. Deveriam colocar faixas convidativas nas escolas dizendo: "Venha descobrir a si mesmo aqui". A escola seria um lugar divertido para se ir. Dessa auto descoberta vem o crescimento e a liberdade. Parece um pouco distante da realidade, ou não? Pode ser realizado?

Quando você investe sua energia para servir alguém, essa energia retorna a você aumentada. Os bancos sabem dessa lei. Eles dizem: "Vem pegar dinheiro comigo e aí depois você me devolve com 10% de juros." É assim que eles enriquecem. Na verdade, eles abusaram de uma lei universal.

Para nós, a moeda é serviço. A questão aqui não é prosperidade material, mas sim prosperidade espiritual que é codificada na sua alma e que segue contigo como um legado de alma. Essas oportunidades chegam a você através das relações e da comunicação. Se você encontra alguém por um minuto que seja, você já está tendo uma relação com essa pessoa. Nesse instante, você tem a oportunidade de compartilhar o seu conhecimento, o seu sorriso, o seu interesse genuíno, a sua escuta, o que quer que surja.

Quando o legado espiritual do indivíduo começa a crescer por conta da qualidade do seu serviço, essa riqueza espiritual começa a se manifestar no plano material também. É também ciência.

» *Robert, como fica essa relação de trabalho, de prestação de serviço para o outro na 4-D? As profissões, por exemplo, a psicologia. Como vai funcionar na 4-D?*

Penso que em termos de psicologia, vai existir menos trabalho porque muita gente vai entender como viver. Na 4-D, essa relação de trabalho, o tipo de serviço é diferente, as pessoas talvez não precisem tanto de psicólogos e nem tanto dos médicos. Os médicos não sabem muito bem como curar. Na 4-D, as pessoas vão estar em outro patamar de autoconhecimento.

» *Os advogados...?*

Os advogados são outra espécie, não vão existir na 4-D. (risos)

» *Como não se contaminar com a raiva? Acho que servir, creio na minha ignorância que, não é tão difícil a gente servir, se propor a prestar solidariedade com o próximo, ajudar o próximo, passar conhecimento à frente, e não se contaminar com raiva. Como ser isento, conseguir não se envolver com esse sentimento, uma certa raiva?*

É uma questão de escolha. Ao reconhecer o que é raiva, você reconhece o que é raiva e o que é amor. Uma vez que você conhece o que é uma coisa e o que é outra, você pode escolher. Você resiste a se envolver com o drama envolvido na situação. Você simplesmente ajuda a situação sem se envolver no enredo. Se alguém estiver muito desequilibrado, você oferece um pedacinho de bolo, um chazinho, um abraço. Essa é a forma de você oferecer o que você tem no momento e servir diante do que é possível. Quando você faz o que é possível, você gera uma onda que chega no outro. Como plantar uma semente, que, em algum momento, brota. Em essência, somos todos jardineiros. Plantando, cuidando, dando água. Isso é serviço. Essa é a essência.

» *As expectativas de retorno imediato do amor que se dá é uma coisa que a gente precisa vencer neste momento, né?*

A expectativa é uma vibração de 3-D. É uma forma de controle e não é mais o caminho. Simplesmente confie na vida e de que tudo transcorrerá da melhor forma. O nível da sua confiança determina a velocidade de manifestação de todas as coisas. Esse nível de confiança mostra onde está a sua consciência. Paciência e confiança são as fórmulas do sucesso.

Saúde espiritual. Essa é a base. Esse seu patamar de emanação vai determinar o que se manifesta no seu mundo físico.

» *Uma coisa que tenho certa dificuldade é sobre os chakras. Mas você falou que a natureza de conhecimento é que abre os chakras.*

Sim, está certo.

» *Eu queria que você me orientasse sobre isso.*

Basicamente, todos os chakras se encontram entupidos e poluídos. Essa poluição é um grude nos chakras. Isso impede que o chakra funcione corretamente. Se a humanidade estiver funcionando a 10% do potencial dos chakras, já é muito.

O que precisa acontecer é que tem uma certa capa que enclausura o chakra, essa capa precisa ser removida. Essa capa é a programação e todos os seus desapontamentos na vida. A cada decepção e desencanto, o chakra começa a se imobilizar em movimento, ainda que você medite diariamente, achando que você está fazendo alguma coisa incrível, se você não remove a capa, nada acontece.

Quando você é capaz de liberar os chakras da programação que você recebeu, tudo estará bem. Para remover a programação, você precisa atrair a experiência que vai espelhar a programação. Nesse momento, você observa a experiência e se pergunta: "Por que estou recebendo essa experiência?". Se você identifica algo que é uma incongruência, essa incongruência está na sua programação e pede correção. Isso significa que você tem ideias particulares sobre a sua identidade. Dependendo do que você absorveu como correto dos seus educadores, pode ser que elas sejam muito falsas,.

Quando você começa a tomar contato com sua verdadeira identidade, você já começa a liberar esse chakra dessa espécie de poluição. E se você acha que é uma pessoa gentil, e você um dia se depara com uma pessoa que te critica, te julga e te joga na lama, neste momento você terá a chance, dependendo da sua reação, de ver se você é gentil mesmo. Ou quando alguém te rejeita e você não esperava isso. Quando você está saudável, está tudo bem.

Mas quando você já tem um quadro pronto sobre como o outro deveria agir, e de repente surge a raiva, aí você tem assunto para trabalho. Tudo isso precisa de uma limpeza. Não dá para fazer isso intelectualmente, nem lendo um livro. Você vai ter que provar a si mesmo, bem no meio da sua experiência, sobre o lugar em que você está. É por isso que sua alma atrai para você os atores corretos, perfeitos, para que você possa acessar o seu conhecimento ali, no momento.

E assim vão seguindo todos os desafios de cada chakra. É isso que quero dizer quando digo navegar os sete mares ou, em outras palavras, manobrando as energias do amor.

Robert Happé é o fundador do
Centro de Educação Espiritual.

O objetivo do CEE é ajudar a esclarecer o significado mais profundo da vida e da experiência, e identificar o propósito maior da nossa presença neste mundo.

Localização do CEE:
Araçoiaba da Serra – SP – Brasil
Rodovia Raposo Tavares, km 125,5

Informações sobre cursos e seminários:
www.roberthappe.net
ou email: cee@roberthappe.net

Pelo telefone celular:
(15) 99707 0721

Facebook CEE:
Centro de Educação Espiritual - Robert Happé

Impressão e Acabamento
Bartira
Gráfica
(011) 4393-2911